U0938267

思方導航

——批判思考導論

貝剛毅 著

匯智出版

責任編輯：羅國洪
封面設計：張錦良

思方導航——批判思考導論

作者：貝剛毅

出　　版：匯智出版有限公司
香港九龍尖沙咀赫德道2A首邦行8樓803室
電話：2390 0605　　傳真：2142 3161
網址：http://www.ip.com.hk

發　　行：聯合新零售（香港）有限公司
香港新界荃灣德士古道220-248號荃灣工業中心16樓
電話：2150 2100　　傳真：2407 3062

印　　刷：陽光（彩美）印刷有限公司

版　　次：2023年3月第八版

國際書號：978-988-19619-0-7

給父母親、妹妹和太太

李天命序

許多講述思考方法的書冊都會讓讀者越讀越糊塗。

可喜的是，本書思路清晰、條理井然，堪稱上佳之作。

李天命

2011 年 4 月 9 日

目錄

第三篇：論證分析（I）：演繹法

第五篇：謬誤剖析

前言

無可否認，我們置身在資訊爆炸的時代，除非你隱居山林，又或已練成對周遭事物不理不睬的異能，否則只要張開眼睛，似是而非的說法、互相衝突的觀點就會衝擊着你每一根神經。

面對這樣的處境，要是不想迷失方向，或是淪為人云亦云之輩，必須掌握一套正確判別是非對錯的思考方法，也就是**批判思考的方法**（critical thinking）（簡稱「思方」）。

近幾年來，思方大為流行，各大專院校紛紛開設思方課程，不少更列為必修科。儘管坊間已有不少優秀的思方讀物，可是針對修讀思方的大專生而寫的中文書卻相當缺乏（絕大部分這方面的書都是譯本）。撰寫本書的主要目的，就是嘗試彌補這方面的不足。

儘管各院校思方教程不一，其內容主要圍繞以下三大範疇：

（1）**語害剖析**：整理及探討造成思想不清或妨礙有效溝通的言辭

（2）**論證分析**：探討演繹和歸納論證

（3）**謬誤剖析**：整理及探討常見的不當的思維方式

本書涵蓋（1）-（3），現就本書的架構與鋪排作一簡述。

*　　*　　*

本書第一篇討論「意義分析」。[1]「意義分析」有兩種不同意思。一方面可理解為一門學科，主要工作包括語害分析，即對妨礙清晰思考或有效溝通的言辭作出分類及批判。另一方面，又可理解為一種思維或解答問題的進路——「首先釐清論題的意思」。本書將先講解意義分析這種思維方式的好處，再探討三類常見的語害。

語害的界說看似簡單，但要能在實際生活中正確應用卻不是易事，許多時也會出現錯判的情況，把不是語害的言辭誤認為語害。為讓讀者避免這一常見的毛病，討論語害的部分不僅會舉出正確的例子，還會討論一些誤判的個案。從這些個案中我們將看到，誤判的主要原因，往往是忽略了語境這一重要因素。

不少學生都很難掌握對確性這一概念。背後原因，個人認為，乃是由於分辨不出邏輯可能與經驗可能，以及未能掌握一致性、矛盾、必然性等關係緊密但又容易混淆的概念。第二篇將解釋這些重要的邏輯概念，以替後面的篇章鋪好路。

第三和第四篇探討「論證分析」。論證是理性思維的基石，也是立論的主要工具。在第八章對「論證」提出比較精確的界說及辨識論證的基本方法後，其後各章將對日常生活中常碰到的論證形式劃分為「演繹」和「歸納」兩大類型，並

---

1 大致而言，「意義分析」即李天命先生所講的「語理分析」（linguistic-conceptual analysis）。

透過個例分析，闡明評價不同形式的論證的準則。掌握了這些準則，批判思考的能力應能有所提升。

本書最後一篇探討「謬誤剖析」。有些邏輯家把「謬誤」界定為錯誤的推論或論證，而將各種謬誤分為形式（formal）和非形式（informal）兩類。但正如李天命先生已在多處指出，這界定過於狹窄。許多可合理視為謬誤的錯誤，如自相矛盾和混合問題等，也得排除在這界說之外。本書採用李先生對謬誤的界說和分類，把「謬誤」界定為不當的思維方式，以及以四種主要的思維錯誤來概括不同類型的謬誤。

論證分析和謬誤剖析雖分為兩部分處理，所圍繞的核心課題其實都一樣，就是如何評價論證。最主要的不同在於，前者強調良好論證須滿足的條件，後者則強調良好論證該避免的情況。

* * *

批判思考是一種技能。正如無人能在只熟讀《游泳五日通》後就能跳進碧波中暢泳，理解了書中的內容，不表示就能將之靈活運用。要消化思方的道理，得需依靠不斷的練習。本書各章附有習題，相信有助讀者「內化」本書所介紹的技巧。**（本書習題的答案或提示，刊於以下網頁：http//www.ip.com.hk）**。

雖說本書的目標對象主要是修讀思方的大專生，但也應適合高中生和一般大眾閱讀。本書若能對所有對思方感興趣的人士也有所助益，那將是筆者的一份額外收穫。

一些重要的話

1. 為令行文比較流暢自然，在應不會引起誤解的情況下，本書將不嚴格遵從**使用**（use）與**提指**（mention）的約定。括號有時標示特殊用法，有時表示性質，有時則只是强調而已。

2. 本書盡量採用最通行的術語（主要採自「參考書目及網頁」列出的書籍）。部分英文術語的中譯則由筆者譯出。

3. 本書講述的概念和方法大部分都不是筆者原創，它們來自不同的思方學者、邏輯學家和哲學家。本書主要以教學為目的，並非專門的學術著作，故依許多思方和邏輯入門書的做法，不一一註明這些概念和方法的源頭。

4. 如對本書有任何意見，可電郵至 peikn@yahoo.com.hk。

第一篇

意義分析

1 何謂意義分析？

前言已提到，「**意義分析**」(meaning analysis) 可用以指一種思維方式。這種思維方式要求我們在思考問題時，或考慮是否接受某個說法前，先**釐清** (clarify) 當中關鍵言辭的意思。[2] 例如碰到「拆卸皇后碼頭是否破壞集體回憶？」這一問題，按照不少人的思維方式，往往在未弄清楚「集體回憶」這一言辭的意思時便立刻回答。結果往往弄至自己答了些甚麼也弄不清楚。但倘若採取意義分析的思考進路，我們則會先停下來問：「『集體回憶』究竟是甚麼意思？」如果我們能對「集體回憶」給予一個精確的界說，或至少一個清楚的解釋，那麼這一言辭的意思就得到了釐清。

再看另一例子。香港近年忽然湧現了許多愛國的言論，不少人還未弄清言論的意思，就立刻表示贊同或反對。但所謂愛國，究竟愛的是甚麼？「國家」這詞語有幾種含意，一方面可把它理解為某一特定地理區域，但有時也可理解為政府，也有人把它想成是擁有共同文化傳統、歷史記憶的文化

2 本書以「言辭」(expressions) 一詞泛指所有語言表達式。依此約定，字、詞、片語以及各類語句均為言辭。

載體。若採取意義分析的方法，聽到這類言論時，我們就該先停下細想，「愛國」中的「國」究竟是以上哪一個意思（或是有其他意思）。只有弄清楚這一點時，我們才能進一步考慮應不應贊同這些言論。

李天命先生認為，意義分析是批判思考的第一步。這並不難了解。思方學的其他環節旨在正確判別是非對錯，倘若我們連問題的意思還未弄清楚，那就無法運用思方的各種技巧（例如評價論證的方法）去解決問題。要是我們連某個説法的意思還未弄明白，又怎能利用思方的方法判斷是否應接受該説法呢？

意義分析看似平平無奇，其作用卻不容小覷。善用意義分析，不僅可使思維更清晰，還可消除不少無謂的爭論。例如兩人可能就「稱菲律賓人為『賓賓』是否種族歧視？」這一問題鬧得面紅耳赤。經釐清「歧視」這概念後，可能會發現，原來一直的爭論都是徒勞，因為雙方對「歧視」的理解，根本就完全不同。

最後，必須掃除對意義分析的一種常見誤解。有人以為，意義分析等於字字追問意思，因而碰到任何問題，或是聽到任何言論，都有的沒的地問：「你這話是甚麼意思？」或是「何謂『X』？可否解釋一下？」其實，只要言辭意思（在相關的語境裏）已足夠清楚，就無須再追問其意思。譬如你朋友與你逛街時問道：「我們看戲好嗎？」這個問題已足夠清楚了。要是你仍繼讀追問：「你所説的『戲』是甚麼意思？舞台劇算是戲嗎？粵劇算是戲嗎？馬戲團表演又如何？你所謂的

『看戲』是指用單眼看還是用雙眼看？還是以特製的3D眼鏡來看？請釐清。」這不僅代表你不明白甚麼是意義分析，且還是很愚蠢、很討人厭的。

「意義分析」除可指一種思考方式外，還可指一門學科，其最核心的課題是，對常見的**語害**（language traps）——**造成思想不清或妨礙有效溝通的言辭**——作出分類和批判。

接下來的三章將解說語意不清、概念扭曲及言辭空廢這三大類語害。[3]

3 本書對語害的分類和對各種語害的界說，主要參考李天命先生的著作及《思方網》上的相關文章。

2 語意不清

2.1 不清晰的言辭

日常語言中的許多言辭都是意思含糊不清的(這就是為甚麼精確的學科，譬如物理學，必須以數學這種精確的語言來制定其理論)。意思含糊不清的言辭主要可分為三大類：(1)含混、(2)歧義、(3)闕義。

2.1.1 含混

當一個語詞的應用範圍沒有截然明確的分界線時，該語詞就是**含混的**(vague)。例如「肥胖」就是含混的語詞。倘若某女士身高只得五呎，腰圍數卻近五十吋，體重逾三百磅，相信任何人也會毫不猶豫地說她是肥胖的。設想這位女士參加了瘦身療程，六個月後終於減至只得五十磅。此時毫無疑問沒有人會說她是肥胖的。

現設想在療程的某一刻，譬如說，當這女士已減至約一百三十磅，腰圍也只是二十八吋時；有人問，她還是否算得上是肥胖呢？那恐怕很難取得一致的答案。有人會認為這女士已不算胖了，有人卻仍會堅持她是肥胖的。各人對此意見不一，正表示「肥胖」這詞的應用範圍並沒有清晰的分界線。換言之，「肥胖」一詞是含混的。

稍加反省，就能發現除「肥胖」之外，日常語言還有不少語詞也是含混的，典型的例子包括「高」、「瘦」、「聰明」、「用功」、「懶惰」、「某程度上」。

語句和述句

所謂「**陳述句**」（statement）（簡稱「陳述」或「述句」），即具有**真值**（truth value）——有真假可言——的語句。下面是一些例子：

1. 香港迪士尼樂園於 9 月 12 日開幕。
2. 禽流感可人傳人。
3. 近年，瘦身、美白、豐胸等美容療程十分流行。
4. 沙田有所汕頭大學。
5. 一頭速龍在東區海底隧道內高速地奔跑。

顯然，並不是任何語句也有真值，沒有真假可言的語句至少有以下幾類：

- **問句（question）**：「你還愛我嗎？」/「你吃水果嗎？」/「城門隧道內是否發生意外？」
- **建議（suggestion）**：「我們分手吧！」/「讓他冷靜一下吧！」/「到外地散散心吧！」
- **祈使（imperative）**：「神啊！請給我多一點時間。」/「給我滾！」/「把所有金錢、貴重財物交出來！」

你可能會問，像「殺人是不道德的」、「吃肉是罪惡」、「捨己為人的生活才是至善的」這些涉及道德或價值的語句，究竟有沒有真值呢？哲學家對此問題已爭論了好幾個世紀，遺憾的是，至今仍未有定論。(叫人更遺憾的是，大多數哲學問題都是如此。) 本書不打算捲入這一爭論中，故此將假定這些語句為述句。

2.1.2 歧義

曾聽過一道極「爛」的智力題：

兩個成人與一群細蚊仔要渡河，但卻只有一艘木船。木船每次只能接載兩人，但奇怪的是，只需乘搭木船一次，他們就能全部安然過河。為甚麼呢？

答案十分簡單。這些細蚊仔全都懂得飛，所以不需搭乘木船也可隨大人過河。還不明白？在粵語中「細蚊仔」一詞既可解作小童，亦可解作細小的蚊子。

如果一個字詞擁有兩個或以上不同的意思，該字詞就是**語意歧義的**（semantically ambiguous）。例如剛提到的「細蚊仔」就是語意歧義的。

稍為留意一下，就會發現歧義的字詞實在不少。「高」、「深度」、「朋友」、「動物」、「哲學」只是當中的幾個例子。

歧義還有另外兩種類型。試看以下陳述：

理大新法醫治關節炎

這則新聞的標題可理解成「理工大學有新方法醫治關節炎」，

亦可理解為「理工大學有某位新的法醫治療關節炎」。換言之，其文法形式容許有兩種不同的方式解讀。如果一個言辭有多於一個的方式解讀其文法結構，該言辭就是**語法歧義的**（syntactically ambiguous）。

試看以下陳述：

小花狠狠地賞了小麗一記耳光，然後她哭了。

假定小花和小麗都是女性，「她」在此處就是有歧義的，既可指涉小花，亦可指涉小麗。若某言辭中出現的代名詞擁有兩個或以上的可能指稱（如上例），該言辭就是**指涉歧義的**（referentially ambiguous）。

2.1.3 闕義

常聽人說某些事物有用，某些事物無用。例如：

1. **唸哲學是無用的。**
2. **跳健康舞十分有用。**

上面句子的文法結構雖完整，表達的意思（在某些語境裏）卻欠完整，即不能表達完整的思想。其之所以如此，是由於「有用」是意思不完整的字詞。

如果一個言辭所表達的意思有欠完整，須靠脈絡或某些字詞補充後才能使之變得完整，該言辭就是**闕義的**（meaning incomplete）。

任何事物都可說有用，亦可說無用。有用無用端視乎你所指的是哪方面，或是相對於甚麼目的而言。要是想獲得在這商業社會賺大錢的技能，唸哲學似乎真的是沒甚麼用，但對訓練思考這一目的而言，唸哲學就很難說沒有用了。所以，只就「唸哲學是無用的」這一陳述來看，意思有欠完整。應用類似分析，也能揭示「跳健康舞十分有用」的不完整性。

日常語言裏還有許多闕義的言辭。「相似」、「重要」、「恰當」等等都是。

2.2 語意不清的語害

不清晰只是日常語言中某些言辭的特性，本身並無該譴責之處。不過，在某些**語境**（context）裏使用意思不清的言辭可能就有問題了。

使用任何言辭總伴隨着某一特定的語境。粗略而言，我們可把語境理解成由（1）**說話者**（speaker）、（2）**聽者**（hearer）和（3）**說話場合**（the occasion of use）所構成的集合。[4] 例如說，小花在天氣報告中說道：「明日下午將有驟雨。」伴隨這一言辭的語境就包括某時某地的天氣報告（說話場合）、小花（說話者）以及聆聽該言辭的人（聽者）。又例如，某人在制定法律條文中寫道：「18 歲以下人士不得購買香煙。」伴隨這話的語境就牽涉寫下這話時的時間和地點、這位條文制定者以及閱讀這條文的讀者。

---

4 這只是對「語境」的其中一種理解。「語境」還有許多不同的界定方法。

不同的語境因其不同的**目的**（aim）而須遵從不同的**規範**（norm）。制定法律條文的目的，是要令聽者清楚掌握條文的意思，因此說話者（即制定條文的人）所使用的言辭應盡可能清晰精確以達成這一目的。在這語境使用任何容易引起聽者思想不清、誤解或誤導的言辭都是不恰當的。

教學、寫作學術論文、發表施政報告等等語境因其主要目的都是要傳遞清楚的資訊，所遵從的規範與法律條文的制定相似。

但在散文、勵志格言創作這些語境中，因其主要目的不是要提供非常清晰的資訊，言辭所需的清晰度就可略為放寬，故此在這些語境使用不太清楚的言辭並不一定不當。

至於像是說笑、詩詞及歌詞創作這類語境，其主要目的是要令聽者發笑、營造某種意境或引起某種美學情緒，而不是提供資訊。在這些語境使用不太清楚或甚至不知所云的言辭也不一定不妥。事實上，為達到上述這些目的，不清不楚的說話有時更能發揮作用。

由此可見，言辭是否需要清晰精確，要多清晰、多精確是因應不同語境而定的。某個言辭在某些語境已足夠清晰，在其他語境卻可能未必。如果在應該說清楚的語境中，使用（相對於該語境）不夠清楚的言辭，那便犯了**語意不清的語害**（obscurity in meaning）。[5] 以下透過一些例子來說明這種語害。

---

5 「言辭」一詞在本書中有時指語言表達式本身，有時指語言表達式的使用。在應不會引起誤解的情況下將不作特別註明。

例一

沙士在香港爆發期間，衞生署每天也會對外公佈感染人數。設想記者會時衞生署官員報告說：

今天有不少確診個案。

「不少」是一含混的量詞。要是確診個案成千上萬，當然算是「不少」；要是只得一兩個，當然不能說「不少」。但「不少」這詞的應用範圍並沒有清晰明確的分界線。在公佈沙士感染人數記者會這一語境中，目的是為聽者提供當天感染沙士的實際人數。官員卻用了「不少」這一含混語詞，令聽者不能清楚獲得所需的資訊，故官員的話犯了語意不清的語害。

例二

筆者熱愛模型，經常參考模型雜誌以提升自己的技術。讀到像下面這樣的解說時，總會大感納悶。

這種獨特的顏色是以大量鈷藍色混入小量螢光粉紅調製而成的。

「大量」、「小量」究竟是多少？「大量」是指整瓶模型油的份量嗎？還是只是大半瓶？「小量」的意思是一兩滴嗎？抑或是三四滴？在模型教學這一語境中，作者該提供比較清楚精確的解說，但卻用了「大量」和「小量」這些極含混的字詞，使讀者無法掌握好其意思，因此犯了語意不清的語害。

上述兩例都涉及含混的字眼，可能有人會以為，每當使用這類語詞，便犯了語害。這是相當普遍的看法（尤見於初習思方的學生），但卻是錯誤的。使用含混字眼是否犯語害須視個別語境而定。設想沙士高峰期的某天，有人問我當天是否有確診個案，我若以官員同樣的話回應就不算犯語害。因為在這一語境中，詢問的人只是想知道有沒有人感染而不是想知道實際的感染人數（也就是說，這一語境並不以「交代實際的感染人數」為目的），回答有不少人感染（在這一語境中）已足夠清楚了。

事實上，含混的語詞在日常溝通中極為有用。當語境只是要求給聽者提供大概的訊息，含混字眼往往能大派用場。試想一下，若任何情況也不能使用這些字眼，我們還有多少話可說？

例三

甲：「很久沒在校園碰過王老師了，實在很掛念他呢。」

乙：「王老師嗎？唉，聽說他已離開了我們了。」

甲：「甚麼？他還這麼年輕，想不到這麼快便⋯⋯」

乙：「不，我的意思是他轉到其他學院任教。」

甲之所以誤解了乙，原因是「離開了」在兩人對話的語境中有兩個不同的意思，既可解作離開了學院，亦可解作已去世。乙意圖向甲解釋為甚麼久久沒碰見過王老師，所使用的言辭卻在當前的語境中有歧義，造成溝通上的錯誤。

例四

偶然會在某些辦公室門前看到像是「兩小時後回來」這些告示。在大多數的語境中，這類告示都是語意不清的。告示的目的，是要告訴來訪者辦公室的主人因某些事離開了辦公室，並會在何時回來。但問題是，告示所表達的意思並不完整——並無清楚寫下辦公室的主人離開時的時間，故此，無法令來訪者得知他回來的確切時間。

例五

「XX啤酒可能是世界上最好的啤酒。」廣告中的旁白如是說。這句宣傳口號的意思並不清楚。「可能」一詞有歧義：既可指不隱含矛盾，亦可指概率高（在第5章我們會看到還有其他意思）。若是解作前者，整句口號就近乎為一句廢話，無甚宣傳效力——邏輯上任何啤酒都可能是最好的！比較合理的是把它解作後者，但如此理解口號的意思仍然不夠清楚。「最好」所表達的意思並不完整。究竟「最好」是指哪方面？外形？銷量？味道？還是其他？沒註明清楚，聽者根本無法清楚把握這口號的意思。

與含混言辭一樣，歧義和闕義言辭雖可能引起誤解或混亂，但不代表任何情況下也不該使用。如果在相關的語境中，聽者能分辨所指的是哪一個意思，又或是能依靠脈絡填補闕義言辭所欠缺的意思，使用這兩類言辭就不算犯語害。

* * *

語意不清有程度之分。上面幾個例子中的說話者雖都在其相關的語境裏說得不夠清晰，但未至於不知所云，完全令人摸不着頭腦，因此所犯的語害並不算太嚴重。

語意不清至極端的情況，即全無意義的言辭。讓我們借用李天命先生的術語，把它們叫做「**語意錯亂**」(disordered meaning)。

例六

對於科幻敘述而言，「宇宙創構」(universe formation，world building)不但是母題或文類特色，也是抽取掏空之後、形骸就會崩壞瓦解的創生元件。雜糅科技配件與幻設(speculation)，創構的工程宛如一彎光脈，從智慧樹滄茫透天的蓊鬱枝葉九彎十八拐，逐漸潛入盤根錯節、深植於地底岩壤的莖幹。對於「科學(人類)本體論」遥行拆解與重述，成為晚近從事科幻研究的脈絡思考。科幻研究的本體(或客體)向來不等於對號入座、陰陽兩隔的「科學幻想合成體」，毋寧說它本身的存在就科幻式地(science-fictionally)干擾、污染，且再形構(reformat)了種種二元論所拒絕且抗拒的，看似渾然無缺結構內的龐雜窪坑，再度畫出一幅圖景，充斥了科學實證意識形態所難以面對的(偽)科技/(壞)幻想、人類性/人造性、(男)真人/(不男)贋品、線性(虛妄)時間/重疊(真實)時間。

上引文字取自某篇電影研究文章的一小段。[6] 電影研究因其性質與物理、化學、醫學這些自然科學有極大的差異，所使用的言辭很難（或也許根本就不可能）達到和這些學科同樣程度的精確。但也總不至於完全不知所云吧！何謂「宇宙創構」？這個術語很易令人聯想起大爆炸或宇宙創生這些天文學概念。可是讀畢整篇文章，卻發現怎麼也無法把它和天文學掛上鈎。本體論（ontology）是哲學的一個分支，所研究的題材有相當清晰的定義；亦有人以「科學（人類）本體論」指涉「人類不能還原（reduce）為一連串的生理和心理過程」這一哲學論題。但搭配了「逕行拆解與重述……」這些文字後就變得完全不知所云了。至於「科幻式地干擾、污染」、「陰陽兩隔的『科學幻想合成體』」、「（不男）贗品」這些術語的意思就更不明。總而言之，整段文字可能予人非常高深或「很學術」的感覺，但其實只不過是一堆以有意義和無意義的言辭依合乎文法的方式組合而成的話語罷了。

指責他人語意錯亂是極嚴重的批評，必須小心為之。有些人看不懂或聽不明白他人的話，便立刻大叫「語意錯亂」。許多時候這只是暴露了自己的無知。避免誤判並沒萬無一失的方法，但有一些基本原則：

- 如果看不懂或聽不明白數理化、工程學、醫學等等高度專技學科的言論，而產生言論只是胡亂堆砌術語之感，絕大多數情況都是自己的問題。

---

6 摘自《電影欣賞》，第 130 期，2007 年 1-3 月號。

• 如果不理解、覺得不知所云的言論不屬這類學科，而是屬文化研究、電影研究、文學評論、美學這類比較軟性的學科，那麼便要查看那些看似無意義的字詞，作者是否（在前文後理中）已有相當清楚的解釋。若是已有清楚解釋，那所閱的言論極大可能不是語意錯亂。

• 但若作者沒有清楚解釋，也不代表所閱的言論就是語意錯亂，應進一步搜查相關書籍或網頁，查看是否已有學者對看似意義不明的言辭清楚解釋過，或請教對言論所屬領域有一定認識的人士，詢問他們是否能把那些言辭解釋清楚。

• 假若所有這些都做過了，卻仍然發覺所閱（或所聽）的完全不能理解、全無意義，那麼才有良好的理由指控言辭是語意錯亂。

例六正是通過上述所有程序後仍然完全不能理解的話語。

3 概念扭曲

日常語言的語詞都有其慣常意思，即其通常的用法。譬如「戒酒」的慣常意思是「不再飲酒」，「三角形」的慣常意思是「內角和為 180 度的閉合圖形」。

要想避免溝通出錯或引起思想上的混淆不清，就不應隨意改變語詞的通常用法。假若我們不恰當地（譬如在無清楚交代或無充分的理由下）改變了一個語詞的通常用法，那就犯了**概念扭曲的語害**（conceptual distortion）。

以下以幾個例子來說明這種語害。

例一

某位名作家有一天突然宣佈戒酒，事後卻給人發現與朋友喝得興高采烈。被問到為何破戒時，作家這樣回應：「我雖宣佈戒酒，但不代表以後就滴酒不沾，『戒酒』的意思是不喝醉。」

剛剛提到，「戒酒」的慣常用法是「不再飲酒」，這位作家卻毫無理由地把這詞解釋成不喝醉。假如他不是在說笑，就可指責他不當地改變詞義，概念扭曲。

例二

某位補習天王在廣告中聲稱自己「全港最多ABC」，事後給人質疑其口號的可信性。天王回應說，口號並非指他所教的學生取得A、B、C級成績的人數最多，真正的意思是他所任教的英文科最常使用A、B、C這三個英文字母。他更反問，難道廣告中的另一句話「憑印花送CD」應解為憑印花送C、D級的考試成績給學生？

當然不應如此理解。絕大多數人只會把這句話解釋成憑印花送光碟（compact disc），因為這是這話（在該語境中）的慣常意思。在沒有特別理由或聲明下，把它另作解釋是概念扭曲。

同理，天王的口號也應按其最自然的方式解釋（即「所教的學生取得A、B、C級的人數最多」），在沒事先聲明或沒充分理由下，把它牽強解成另一意思同樣是概念扭曲。

例三

曾有人說：

所謂「批判思維」，其實即是封鎖思維。不是說批判者不用腦，而只是說，批判者早已在腦中存有一套。他的一套，嚴密封閉，唯我獨尊。他以為擁有一把心頭尺，就是擁抱真理。[7]

7 摘自〈問到底〉，載於《明報》，2006年9月22日。

「批判思維」有好幾個意思，可指研究如何確當思考的學問，也可指追求清晰和講求理據的態度。無論採取以上哪一種意思（或其他可能的意思），「批判思維」也沒有封閉、排他、唯我獨尊這些負面的含意。事實恰恰相反，這些思維弊病正是批判思維要消除的。上文作者不當地把「批判思維」重新界定，犯了概念扭曲的語害。

* * *

就概念扭曲這一語害，有兩點須補充。

（1）改變字詞的日常用法不一定就犯概念扭曲的語害。只要我們能提出充分理由，或事先交代，改變詞義就是合法的（legitimate）。試看下例：

> ……最優秀的員工全無例外的都是「懶人」，因為你們「懶」得連一個多餘的動作也懶得去做，而勤快員工的「勤」，大多表現在他們整天忙忙碌碌，不在乎把力氣花在多餘的動作上，做一件事不在乎往來多少趟，花多少時間，這樣能有效率嗎？
>
> ——節錄自佛蘭克：《勤奮的人未必成功》

「懶人」是貶義詞，大致上指不願工作或學習的人。「勤」是褒義詞，大致是積極、努力的意思。上文作者卻對這兩個詞語提出了新的解釋。「懶人」被解作懂得想方法節省勞力以提升工作效率的人，「勤」被添加了「做事無效率」的意含。因此「懶人」成了褒詞，「勤」則成了貶詞。但這些新解釋卻不算概念扭曲。引號有特殊用法之意，這些詞語以引號標示，足以表明其為特殊用法。

同理，在說笑、閒談這些語境中，改變詞義也不算概念扭曲。語害批判主要針對以清晰思維和有效溝通為目標的語境，不以此為目標的不屬語害批判的應用範圍。

（2）概念扭曲不等於錯誤用詞。看到牙牙學語的幼童指着西瓜大叫「菠蘿」時，我們是不會指責他扭曲了「西瓜」或「菠蘿」的慣常意思的（強稱西瓜為「菠蘿」或強稱菠蘿為「西瓜」）。原因是幼童正在初學語言的時期，我們有良好理由認為，他根本就不曉得「菠蘿」和「西瓜」這些字詞的真正意思；而不懂字詞的真意，也就談不上不當地改變字詞的意義。

4 言辭空廢

如果在應提供資訊的情況下，使用的言辭不能提供聽者有關的資訊，該言辭便犯了**言辭空廢的語害**（vacuous expressions）。

言辭空廢主要包含絕對空廢和相對空廢兩大類型。

4.1 絕對空廢

討論絕對空廢前，須先介紹一對重要概念。

如果一個述句只要理解其意思，無須訴諸任何經驗觀察，就可憑理性判斷其真假，該述句就叫做「**概念述句**」（conceptual statement）。真的概念述句叫做「**重言句**」（tautology），例如：

1. 王老五皆未婚。
2. 今天下雨或者今天不下雨。

要知道（1）是不是真的，我們無須把「王老五」一一找來，看看他們是否都未婚。只要我們知道「王老五」與「未婚的男人」同義，並且懂得「皆」的用法，就能知道（1）為真。同理，只要知道「或者」一詞的用法，以及「今天不下雨」和

「今天下雨」這兩個述句互為否定，無須觀察今天的天氣狀況，也能確定（2）是真的。

3. 所有人都會死，並且有些人不會死。

4. 小花是一名很漂亮的醜女。

我們無須對人類進行任何研究，只要知道「所有人都會死」和「有些人不會死」互為否定以及「並且」的用法，就能知道（3）為假。「漂亮」和「醜」這兩個概念互相排斥，漂亮的女性一定不是醜女，而醜陋的女性一定不漂亮。因此，即使我們不知道小花長相如何，也能肯定（4）是假的。因此（3）和（4）同為假的概念述句。

如果一個述句理解了其意思後，仍不足以判斷其真假，原則上還須訴諸經驗觀察才能得知其真假，該述句就叫做「**經驗述句**」（empirical statement），例如：

5. 所有王老五都是肥胖的。

6. 理工大學位於紅磡。

只是理解了「王老五」、「肥胖」等字詞的意思，是不足以知道（5）的真值的。原則上要判別（5）的真假，我們必須透過經驗觀察——看看是否所有未婚的男人都具有肥胖這一性質。同理，要判別（6）的真值，僅就了解（6）的意思並不夠；我們還須調查一下，理工大學是否真的位於紅磡。

與概念述句一樣，經驗述句也分為真假兩大類。顯而易見，（6）屬前者；（5）屬後者。

現在讓我們看看概念述句和經驗述句的兩個重要差異。

（一）**任何概念述句都有邏輯必然性，即邏輯上必然為真或為假**。（1）不僅事實上真，且還必然為真，即不可能為假：只要我們不改變「王老五」的慣常用法，無論在任何（不矛盾的）情況下它都為真。同理，（2）也有相同特性，只要不改變句中字詞的意思，則無論在任何狀況下（2）都為真。

使用類似分析，可發現（3）和（4）是必然假的。只要句中字詞的慣常意思保持不變，在任何狀況下它們都是假的。

與概念述句不同，一般而言，經驗述句並無必然性。試考慮（5），這述句事實上雖為假（有些王老五並不肥胖），卻非必然地假，我們不難想像一個邏輯可能的情況，每一個王老五都是肥胖的。類似地，（6）雖確實為真，卻不是必然地真，例如香港理工大學可能位於沙田，而不是紅磡。

（二）**經驗述句有訊息內容，概念述句無任何訊息內容**。所謂「有訊息內容」，意思是說對經驗世界的事物有所陳述。譬如（6）就正確地陳述了理工大學這一經驗事物的地理位置，（5）對王老五這類經驗事物作出了錯誤的陳述。反觀例（1）-（4）對經驗世界的狀況就一無所述。（1）只陳述了「王老五」這一字詞的（部分）意思，對王老五這一類別的經驗事物有甚麼特性無任何斷言。（2）容納了一切邏輯可能性，因此也不能讓我們從中獲得任何有關天氣或任何經驗事物的訊息。應用類似分析，不難揭示（3）和（4）也無訊息內容。

必須注意的是，無訊息內容不等於無意義(meaningless)。事實上任何概念述句都是有意義的，否則它們就不會有真值了。意義先於真假，有意義才有真假可言。

無訊息內容不代表毫無用處。邏輯和純數學的定理對經驗事物一無所述，但因能用來陳構思維或推論的法則，用處極大。不過，要是以無訊息內容的述句來描述經驗世界的狀況或是作為（某些陳述的）論據，就很有問題了。若我們以重言句來提供經驗訊息，又或是作為經驗述句的理據，那便犯了**絕對空廢的語害**（absolute vacuity）。[8]

例一

「現時海底隧道擠塞或不擠塞。大老山隧道入口有交通意外或者沒有交通意外。如果窩打老道一帶馬路交通暢通，那麼窩打老道一帶馬路交通暢通……XX電台交通消息報道完畢。」

交通消息報道的目的，是為聽者提供馬路、隧道等等交通狀況的訊息。上面報道員所用的卻全是具「如果P，那麼P」或「P或非P」這些形式的重言句，對經驗世界一無所述，不能為聽者提供任何交通方面的資訊，故犯了絕對空廢的語害。

---

8 假的概念述句雖也沒訊息內容，但請留意，按此處對「絕對空廢」的界說，使用假的概念述句提供經驗訊息，不算犯絕對空廢的語害。

上例當然只屬虛構，以下的則是實例。

例二

某機構高層舉行記者招待會，交代他保釋後的生活點滴後，最後他説道：

……但想深一層，有誰生活上從未遇過變化呢？如果你亦遇上了變化，一些莫名其妙的變化，請你別驚、別亂、別放棄。因為真的假不了，假的真不了。

一個陳述不是真的就必然是假的。按此理解，「真的假不了，假的真不了」是重言句。[9] 從講話內容看，他除了在暗示自己清白之外，還似乎是想證明，即使生活碰到了任何變化，也不用擔心或害怕。但其所賴以支持這一樂觀想法的理由，卻只是一句完全無經驗訊息的重言句而已，因此犯了絕對空廢的語害。

* * *

絕對空廢看似易懂，但要能在實際對話中正確識別這種語害，並不是易事。細閱以下三段對話，然後判斷當中乙的言辭是否犯了絕對空廢。

9 不排除這話或可有別的解釋。若採取別的解釋，這話就可能不算絕對空廢的言辭。（參本節接下來的討論）

(一)

甲：「近來常聽人談論八十後。究竟『八十後』是甚麼意思？」

乙：「八十後就是八十年代出生的人。」

如果你認為乙犯了絕對空廢，那就答錯了。你可能會說，既然「八十後」解作八十年代出生的人，乙的話不就是重言句，沒任何訊息內容嗎？這沒錯。但留意，雖然所有絕對空廢的言辭都是重言句，有些重言句卻不是絕對空廢的言辭。較早前已說過，只有當說話者拿重言句來提供經驗訊息，或作為（經驗述句的）理據，該述句才算絕對空廢。在上面的對話中，乙只是向甲解釋「八十後」的詞義，並無對經驗世界作出任何描述的意思，也沒有意圖證明任何經驗陳述，所以即使使用了重言句，也沒有犯絕對空廢的語害。

(二)

甲：「我外表毫不吸引，很自卑。」

乙：「別這樣看低自己，每個人都是獨一無二的。」

「每個人都是獨一無二的」是重言句。（只消分析「每個人」、「獨一無二」等字詞的意思，就能知道這話是真的。）可是與上例一樣，不應把它視為絕對空廢的言辭。乙的用意不是描述經驗事物，而是在提醒甲，每個人都有其獨特性，別因自己外表平庸就把自己看扁。

（三）

甲：「離比賽完場還有兩分鐘，法國隊輸定了。」

乙：「未必！正所謂『波係圓嘅』。」

「波係圓嘅」是重言句（「波」此處指足球，按其慣常用法一定是圓的），而乙似乎亦有意用這話對經驗世界作出描述。然而，指責乙的話絕對空廢並不恰當。「波係圓嘅」是已故體育新聞報道員伍晃榮的金句（但不是他首創），意思（大致）是：未到最後一刻，仍可力挽狂瀾。故乙的真正意思是：法國隊未必會落敗，因為只要球賽未完結，落後的一方仍可力挽狂瀾。乙的理由不是重言句（邏輯上可能有些球賽還未完結，落後的球隊已沒法力挽狂瀾了），所以即使乙有意對經驗事物作出描述，也沒犯絕對空廢的語害。

從上例我們可得出以下結論：有些字面上是重言句的語句，若考慮其源頭後會發現不是真正的重言句，而是有經驗意含的陳述。「波係圓嘅」是一例，試試看你是否能找到其他例子。

以上討論提示我們，批評某個言辭絕對空廢前，須確保兩件事：（1）該言辭在當前的語境中確實最應該被視為重言句；（2）當前的語境屬提供經驗資訊的語境。只要任何一個條件不滿足，也不算絕對空廢。

4.2 強定成空

語害之間並不互相排斥。有時同一段說話可同時犯上一個以上的語害。下面介紹的**強定成空的語害**（weasel words），[10] 就可視為概念扭曲和絕對空廢的混合體。

例一

甲：「據我調查發現，凡是信奉基督教的人都很有愛心。」

乙：「我不同意。我有位朋友叫小春，是虔誠的基督徒。每天早午晚也祈禱，逢禮拜必參加崇拜，但人格卻極其低劣，無半點愛心可言。」

甲：「這不代表我的話有錯，只代表你那朋友不是真正的基督徒而已。」

要精確界定「基督徒」並不容易。只祈禱但不參加崇拜算是基督徒嗎？深信《聖經》但不肯十一奉獻的算是嗎？相信耶和華存在但質疑祂在六天內創造宇宙的又如何？

但無論如何，按照「基督徒」的慣常用法，有愛心不是基督徒的邏輯必要條件；換言之，並不是一定要有愛心才能算是基督徒。

當甲提出「所有基督徒都有愛心」這一看法時，看來他有意把其視為是對世界有所描述的經驗陳述。可是碰到有反

---

10 「強定成空」一詞亦取自李天命先生的著作。

例提出時，卻以「沒有愛心的就不是真正的基督徒」來申辯。由此看來，按其理解，必須有愛心才能算是基督徒。但正如剛才所說，這一理解偏離了「基督徒」的通常用法。甲在毫無理據的情況下改變了字詞的慣常意思，因此犯了概念扭曲的語害。

若依照甲對「基督徒」的界說，「所有基督徒都有愛心」便成了一句重言句了。甲卻企圖以這重言句來提供經驗訊息，故亦犯了絕對空廢的語害。

例二

甲：「近來流感肆虐，你到醫院卻不戴口罩，不怕受感染嗎？」

乙：「怕也怕不來。要受感染的終必受感染。正所謂『是福不是禍，是禍躲不過』嘛。」

甲：「是禍躲不過？那並不見得。不少災禍不也是由疏忽不慎所致的嗎？小心謹慎自然能避免許多災禍。」

乙：「能避免的又怎算得上是真正的災禍呢？」

「災禍」一詞按其日常意思，無不能避免之意，因此「是禍躲不過」屬可被否證的經驗陳述。正如甲所指出，許多災禍也能避免，因此這陳述是假的。

乙卻反駁說能避免的災禍不算災禍。如此申辯等於是無故改變了「災禍」的慣常用法，替其添加了「不能避免」這一額外的條件。「是禍躲不過」在這用法下變成了一句重言句。乙以牽強定義來製造重言句，並以此作為「戴或不戴口罩結果都是一樣」的理據，犯了強定成空的語害。

強定成空是詭辯家的常用手法，不可不察。

4.3 相對空廢

重言句在任何語境裏都提供不了經驗訊息，因此企圖以重言句提供經驗世界的訊息叫絕對空廢。某些言辭雖非重言句，但相對於某些語境是多餘的，在這些語境裏使用這些言辭便犯了**相對空廢的語害**（relative vacuity）。

詳言之，如果某個言辭（1）不是重言句，但（2）相對於某一需提供資訊的語境是多餘的——不能給語境裏的聽者提供任何新訊息——使用該言辭便犯了相對空廢的語害。

例一

相信不少人也曾試過滿心期待地閱讀過像《如何成為人上人？》、《你也可以成為世界首富！》、《嗨！站起來！》這些書，以求改進自己，但恐怕許多時也是失望而回。這些書中不少做人道理、自我提升的技巧，對於大多數人來說都是多餘的，例如：

1. 閒時該自我增值，多讀書，多進修。機會來到時就不會白白浪費掉。
2. 人生總不可能一帆風順。身處逆境時不氣餒，積極面對，順境可能就會再來。

3. 只為小事「抓狂」的人是成就不了大事的。

4. 處處計較，就很難找到知心友。

例二

有些產品標籤所提供的說明相對於絕大多數語境都是空廢的：

1. 美國航空的堅果點心：打開包裝，吃堅果。

2. Marks & Spencer麵包布丁：本產品加熱後會變熱。

這些說明全不是重言句。(1) 解釋堅果的食用方法，不是有真假可言的述句，所以不是重言句。(2) 邏輯上可能假(可想像布丁加熱後溫度沒絲毫提升)，所以也不是重言句。但對絕大多數人而言，這些標籤所提供的資訊都是多餘的。

例三

碰到學生不停追問何時才派還試卷時，筆者總愛不斷以這句話來搪塞：「雖然甚麼時候派卷還未能確定，但可肯定的是，距離派卷的日期又再迫近一天了。」很明顯地，這話不是重言句，邏輯上固然可能永遠也不派卷，但相對於這話的語境，則完全是多餘的——學生不能從中獲取任何新的資訊。既然卷總會派回，每過一天，自然向派卷的日子迫近了些。

若想有效地溝通，當然應盡量避免犯語害。但要是目的不在此(如上例的情況)，語害言辭有時是頗有用的。

*　*　*

許多人都分不開「相對空廢」和「語意不清」這兩個概念。兩者確實很易令人混淆，但並不相同。相對空廢的問題在於，在需提供資訊的語境中說了聽者已知的訊息，因而不能提供聽者任何新的資訊；語意不清的問題則在於，在該說得清楚的語境中用了不夠清晰或不夠精確的言辭。當然，正如早前所述，語害之間不一定互相排斥，同一言辭同時犯了相對空廢和語意不清這兩種語害是可能的。就拿第二章 2.2 的例一來說，假定出席衞生署記者招待會的人士全已得知當天有很多沙士確診個案，「今天有不少確診個案」這話在當時的語境中就同時犯了相對空廢和語意不清的語害。因為這話不僅不夠清晰，且也不能向在場人士提供任何新的訊息。

*　*　*

據筆者觀察，相對空廢是最易誤判的語害之一。下面兩段對話可供測試你是否已真正理解了何謂相對空廢。

(一)

母親看見兒子放學回來，說道：「哦，你回來了。」

母親的話有犯相對空廢嗎？這話在其語境中無疑是多餘的，兒子又怎會不知自己已回到家（假定其精神沒有異常）？且這話不是重言句，兒子可能此時仍待在學校，因此，邏輯上這話可能是假的（你應該記得，重言句是邏輯上必然地真的)，但把這話判為相對空廢並不恰當。母親無意提供任何訊息，她只不過是打招呼而已。此時兒子若大呼「你的話相對空廢！」回應，肯定叫母親大為擔憂，究竟他在學校學了些甚麼？

(二)

甲的父親剛過世，甲悲傷不已。乙見狀拍拍甲的肩膀，說道：「人死不能復生，別太傷心了。」

邏輯上而言，人死了仍然可能復生，因此乙的話不是重言句。[11] 甲當然早知乙所講的是事實(否則就不會這麼傷心了)，因此，乙的話可說是多餘的。但乙有犯相對空廢嗎？沒有！乙引這句諺語的目的，顯然不是要提供訊息，只不過是想安慰甲，希望他好過一些而已。

---

11 除非把「死亡」界定為「不可能復生」。

本篇練習

(I) 判斷以下哪些語句是述句？

1. 恭喜發財
2. 大英博物館
3. 我們同歸於盡吧！
4. 女性的語言能力較男性強。
5. 2 + 4 = 8
6. 福爾摩斯是一位名偵探。
7. 頭昏腦脹
8. 如遇火警，請勿使用升降機。
9. 如果宇宙有終結，那麼宇宙有終結。
10. 我命令你立刻閉嘴！

(II)「真」與「假」是含混的詞語嗎？

(III) 試找出一些既含混又有歧義的字詞。

(IV) 以下言辭是否語意錯亂？

1. 物理學家牛頓是一首偉大的交響曲。
2. 我不可以空肚吃早餐。
3. 小明的體重超過 200 磅，並且小明的體重沒有超過 200 磅。
4. 熱愛是最好的老師。(愛因斯坦（Albert Einstein）語)
5. 歷史在看，奧巴馬前路漫漫。

(V) 在以下的述句中，哪些是概念述句？哪些是經驗述句？解釋你的答案。

1. 一頭暴龍在海洋公園內咆哮。
2. 這女孩長得很美，又很漂亮。
3. 劉德華是劉德華。
4. 劉德華不是劉德華。
5. 明天天晴或明天天晴。
6. 神聖羅馬帝國，既不神聖，也非羅馬，更不是一個帝國。(伏爾泰（Voltaire）語)

(VI) 在以下每段文字中，判斷是否有言辭犯了語害。如有，指出犯了哪種語害，並解釋你的答案。

1. 甲在街上碰到乙，説道：
   「十年沒見，想不到你胖了這麼多。」
2. 日本高官：「歷史上從未發生過南京大屠殺。」
   記者：「荒謬！日本二次大戰時確實有入侵中國，殺害中國人民。當時留下來的紀錄片以及僥倖存活的生還者的指控就是鐵證！」
   日本高官：「假若日軍真的曾屠殺中國人，那些生還者全都死光了，既然仍有人生還，又怎能算是屠殺？」
3. 一位詩人在《新詩年刊》發表〈虛無、解構、西瓜〉：
   「空虛的西瓜在打字機上表現着後現代的解構虛無。虛無啊！怎麼也走不出解構的超現實後巷。虛無啊！怎一個愁字了得。」

4. 食家邊品嘗某餅家的杏仁餅邊道：「吃餅有餅味！」
5. 一位男士看着那名模暗讚道：「這個女人很有女人味。」
6. 甲：「你口頭上答應了讓A廠生產，現在又改給B廠生產，不太好吧。」

   乙：「有甚麼問題？做生意就是做生意！」
7. 設想你選修了某門學科，卻總是聽不懂授課內容。

   你：「教授，很抱歉，我總是聽不懂你的課。」

   教授：「也許課堂有點艱深，但只要你夠用心，那就一定能聽得明白。」

   嘗試多次留心聽講後，你卻仍對課堂一頭霧水，不得已只好再去請教教授。

   你：「教授，上課時我已極用心，何解始終對課堂內容不解？」

   教授：「那正顯示你仍未夠用心，夠用心的話，那你定能明白。」

   你（開始不耐煩）：「那怎樣才算用心？」

   教授：「那很簡單，當你聽得明白課堂時，就代表你足夠用心了。」
8. 網主：「本模型論壇不接受任何素組的作品。」

   網友：「素組？甚麼叫素組的作品？」

   網主：「素組作品就是只把模型的各部分組合好，不上色、不滲線的作品。」
9. 甲：「『網絡欺凌』是甚麼意思？」

   乙：「網絡欺凌就是網絡欺凌。」

10. 2003年，前任特首董建華與司徒華在答問大會上展開了一輪唇槍舌劍。司徒華表示他的英文不佳，不懂「膚淺」和"naive"的意思究竟有何分別。董建華回應説：「一個天真的人很naive，一個膚淺的人很膚淺。」
11. 松子桂花魚所含的孔雀石綠量雖低，食後未必即時會影響健康，但長期食用仍然可能會對人體造成一定傷害。(語境為科學研究報告)
12. 香港某地發現有爆炸品，張姓高級警司接受訪問時對大眾説：「那些爆炸品可能很穩定，也可能很不穩定，因此非常危險。」
13. 某大學醫學研究院檢驗報告指出：在現場條件下，電子驅蚊器KC 2D開機後能在某程度上起到驅蚊作用。(語境為娛樂雜誌內的廣告)
14. 所謂「天才」，就是99分努力加上1分天分的人。
15. 9月28日，浙江省永嘉縣法院開庭審理了原平陽縣原縣委常委、常務副縣長徐定錦涉嫌受賄、濫用職權案。令法庭意想不到的是，徐定錦當庭發表雷人語錄：「我從來都收物不收錢，收禮不受賄，不能算犯罪！」(摘自《中國人大新聞》，2009年9月29日)
16. 甲：「張先生死狀可怖，可見兇手十分兇殘。究竟是誰殺害他的？」

    乙：「是日本人殺害他。」
17. 某大專院校的宣傳單張寫道：「本校今年收生人數上升了68%。」

第二篇
基本邏輯概念

5 種種可能

薩爾瓦多·達利（Salvador Dalī）在 1944 年創作了一幅膾炙人口的超現實主義畫作。畫中景象極其詭異（也帶點香艷）。冰塊上躺着一名身材短小的裸女，裸女附近不知何解竟出現了一個石榴，石榴爆出一尾面目猙獰的怪魚，怪魚嘔出一頭猛虎，猛虎竟又吐出另一頭猛虎……[12]

現在的問題是：畫中的景象可能發生嗎？

答案：既不可能又可能。

5.1 三種可能性

「可能」有時指**經驗上的可能性**（empirical possibility）。[13] 所謂「某事態（state of affairs）是經驗上可能的」，意即該事態不違反**自然律**（laws of nature）。例如「我現在使用Word文書處理器」（所表達的事態）就是經驗上可能的。

任何違反自然律的事態都是經驗上不可能的，譬如「我

12 原圖可見於http://www.virtualdali.com/44DreamCaused.html

13 經驗可能性亦稱「物理可能性」（physical possibility）。

（在無任何特殊裝備的情況下）跳上高空一萬呎，再安然着地」就是經驗上不可能的，因這顯然違反力學原理和生物學定律。

若問題中的「可能」指的是經驗可能性，那畫中景象顯然不可能發生，因為就我們所知，「石榴爆怪魚」、「魚口吐猛虎」等怪異事態是違反自然律的。

但「可能」也可指**邏輯上的可能性**（logical possibility）。任何不違反邏輯規則，即不包含自相矛盾的事態，都是邏輯上可能的。例如「某人被砍掉頭後，卻仍在大跳勁舞」就是邏輯上可能的。相反，「某人愛錢又（同時）不愛錢」、「畫一個既圓且方的圖形」、「與一名醜得嚇人的美女跳舞」等，就因隱含矛盾而屬邏輯上不可能。

若「可能」指的是邏輯可能性，那當然，畫中所描繪的景象是可能發生的。因為儘管它們與自然律不容，卻不含自相矛盾。

從上述內容可見，「可能」一詞擁有一個以上的意思；換言之，它是歧義的。除上述兩種可能性之外，「可能」還可指**技術上的可能性**（technical possibility）。任何按照當時的技術水平能夠實現的事態，都是技術上可能的。由此界說可知，某事態是否技術上可能會隨時代而變更。譬如「人工受孕」在過去是技術上不可能的，然而在今天已成為可能；當今的航天科技雖仍未能讓我們在三分鐘內從香港飛抵上海，但也許在不久的將來就能辦到。

5.2 各種可能性之間的關係

不難看出，任何事態若邏輯上不可能，在經驗上也不可能。例如「炮製一杯冰凍的熱檸樂」所表達的事態隱含矛盾，自然也違反自然律而為經驗上不可能。然而，邏輯上可能的事態卻不一定在經驗上可能。「某人被砍掉頭後，卻仍在大跳勁舞」並不違反邏輯規則，但卻與自然律不相容而為經驗上不可能。

經驗上不可能的事態在技術上也不可能。「我跳上高空一萬呎，再安然着地」既然違反自然律，自然無法以現在（或未來的）技術實現。然而，經驗上可能的事態卻不一定技術上可能。「登陸太陽系以外的行星」雖與自然律相容，但按現今的科技水平，仍然未能實現，因此（在目前）是技術上不可能的。

6 充分條件與必要條件

講解過幾種不同的可能性後，現在可介紹一對於表述性質之間的關係極為有用的概念。

6.1 充分條件

所謂「A是B的**充分條件**（sufficient condition）」，意思是說，若A出現，B必然／一定／肯定也出現；即不可能／不能夠A出現而B卻不出現。充分條件又叫「足夠條件」。以下列舉一些例子：

1. 母親是女性的充分條件。
2. 大於 1 並且只能被 1 和自身整除的整數是質數的充分條件。
3. 心臟爆裂粉碎是死亡的充分條件。
4. 可購買香煙是滿 18 歲的充分條件。
5. 王老五是未婚的充分條件。

從上面的界說可推知，要證明某一性質A並非另一性質B的充分條件，只需找出一個A出現而B不出現的**可能情況**（possible situation）即可。例如，若要證明「擁有長腿」並不是「性感」的充分條件，只需找到一個腿長但不性感的女性（或男性）便成。

有些性質擁有一個以上的充分條件。例如，「心臟爆裂粉碎」就只是「死亡」的其中一個充分條件。致死的方式有許多種，頭顱被轟至腦漿四濺、被切斷大動脈也足以致死。換言之，「頭顱被轟至腦漿四濺」、「被切斷大動脈」這兩種性質，也是「死亡」的充分條件。

6.2 必要條件

所謂「A是B的**必要條件**（necessary condition）」，意思是說，若A**不**出現，B必然／一定／肯定也**不**出現；換言之，不可能／不能夠A不出現而B卻出現。下面是一些例子：

6. 滿 18 歲是可觀看三級影片的必要條件。
7. 擁有大腦是能夠思考的必要條件。
8. 對所教的科目有一定的認識是成為好教師的必要條件。
9. 已獲學士學位為入讀中文大學研究院的必要條件。
10. 未婚是王老五的必要條件。

要證明某一性質A並非另一性質B的必要條件，只需找出一個A不出現而B出現的可能情況即可。例如，要指出「具良好歌藝」並非「成為紅歌星」的必要條件，只要找出一個歌藝欠佳的紅歌手即可。（這大概很易就找到吧。）

不少性質也擁有一個以上的必要條件。例如，「具備一定的數學知識」就只是「成為優秀物理學家」的其中一個必要條件。要成為優秀的物理學家，還必須推理能力強、擁有豐富的物理學知識。也就是說，「推理能力強」、「擁有豐富的物理學知識」這兩種性質，同樣是「成為優秀物理學家」的必要條件。

6.3 充分條件和必要條件的關係

充分條件與必要條件總是一同出現的：（1）如果A是B的充分條件，那麼B就是A的必要條件；而（2）如果A是B的必要條件，那麼B就是A的充分條件。為甚麼（1）成立呢？假設我說「有愛是有性的充分條件」，那麼根據早前對「充分條件」的界定，這句話所表達的意思就是「如果有愛，那麼一定有性」。從邏輯的觀點看，「如果A出現，那麼B一定出現」和「如果B不出現，那麼A一定不出現」這兩種表達方式在意思上是完全相同的。故此，我那句話的意思也同樣等同於「如果沒有性，那麼一定沒有愛」，亦即「有性是有愛的必要條件」。類似方法也可證明（2）成立，讀者可自行證之。

「可能」與「必然」的轉換

「可能」與「必然」這兩個詞語可相互界定，也就是說，可拿其中一個來界定另外一個。下面以「可能」來界定「必然」。（「= df」表示左邊的詞語可藉右邊的來界定。符號 α 叫語句變項，可用任何述句取換。)

「α必然真」= df「α不可能假」

「α並非必然真」= df「α可能假」

「α必然假」= df「α不可能真」

「α並非必然假」= df「α可能真」

弄通「可能」與「必然」的轉換，有助了解本書往後的內容。

6.4 四種可能組合

假定有兩種性質A和B，通常都可歸入下表的其中一種組合：

- A是B的充分條件，但A並非B的必要條件。
- A是B的必要條件，但A並非B的充分條件。
- A是B的充分條件，並且A也是B的必要條件。
- A並非B的充分條件，並且A也非B的必要條件。

這個四分架構可助我們簡要清楚地表述兩種性質究竟如何關聯。假設你認為「任何人若要有權利，則必須要有義務；但有義務，卻不一定有權利」。你可以簡單地說「有權利是有義務的充分而非必要條件」。若要表達「沒有人能夠有權利但卻完全沒有義務，並且沒有權利就一定沒有義務」這一看法，只需說「有權利是有義務的充分並且必要條件」即可。若你認為「有權利不一定有義務，並且沒有權利也不一定就沒有義務」，那你可這樣說，「有權利既非有義務的充分條件，亦非必要條件」。

6.5 進一步的細分

第 5 章指出，不可能有下列三種：

- 邏輯上不可能——任何違反邏輯規則的事態（例：某人成為一個已婚的王老五）。
- 經驗上不可能——任何違反自然律的事態（例：某人赤手空拳轟爆喜馬拉雅山）。
- 技術上不可能——任何按照當時的技術水平不能夠實現的事態（例：製造一個可作格鬥用的機動戰士）。

不可能性並非只有這三種，我們還可添加**法律上不可能**（legal impossibility）與**道德上不可能**（moral impossibility）這兩種。

任何違反某國家法律或某機構規條的事態都是（在該國家或機構上）法律上不可能的。譬如「未曾拿到學士學位就入讀中文大學哲學研究院」是法律上不可能的，因為院方明文規定，哲學研究生必須持學士學位。同時娶兩位女性亦為法律上不可能，因為香港法律禁止男性同時與兩位女性結婚。

任何違背道德法則的事態都是道德上不可能的。假設「不得亂倫」、「必須孝敬父母」是道德法則，那麼「與近親發生性行為」，「不孝敬父母」就違反了道德法則而屬道德上不可能的事態。

若考慮各種不同的不可能性，充分和必要條件則可作進一步的細分。例如例子（2）、（3）和（6）可分別寫成：

- 大於 1 並且只能被 1 和自身整除的整數是質數的邏輯充分條件。
- 心臟爆裂粉碎是死亡的經驗充分條件。
- 滿 18 歲為可觀看三級影片的法律必要條件。

試試看你是否能指出 6.1 和 6.2 中的其餘例句屬哪一種充分或必要條件。

7 不一致

如果一組述句邏輯上不可能同時全真，即同時肯定這組述句能對確地推論出**自相矛盾句**（self-contradiction）(具有「 α 並且非 α 」這種形式的述句)，該組述句就是**不一致的**（inconsistent）。[14] 例如：

1. 所有人都笨拙。
2. 陳大文是人。
3. 陳大文不笨拙。

（1）-（3）邏輯上不可能同時全真。從（1）和（2）可推論出（4）「陳大文笨拙」這述句。（4）與（3）聯合起來便得到「陳大文笨拙並且陳大文不笨拙」這一自相矛盾句。

假若一組述句邏輯上可能同時全真，那麼該組述句就是**一致的**（consistent）。譬如「有些人愛跳舞」、「姚明身高只得四呎」和「所有女性都愛LV手袋」就是一致的，同時肯定這三個述句推論不出任何自相矛盾句。

---

14 對「對確性」的論述，詳見第 9 章。

7.1 否定和互相矛盾

任何述句與其**否定**（negation）都是不一致的（不可能同時是真的）。比如「陳水扁是現任台灣總統」與「陳水扁不是現任台灣總統」這兩個述句就不一致，同時肯定它們將導出「陳水扁是現任台灣總統並且陳水扁不是現任台灣總統」這一自相矛盾的述句。

任何述句與其否定也不可能同時為假，換言之，同時否定任何述句與其否定一樣能導出自相矛盾句。就拿剛才那對述句來說，否定「陳水扁是現任台灣總統」等於肯定「陳水扁不是現任台灣總統」；而否定「陳水扁不是現任台灣總統」等同於肯定「陳水扁是現任台灣總統」。故此，同時否定這對述句同樣能得到「陳水扁是現任台灣總統並且陳水扁不是現任台灣總統」這一述句。

如果兩個述句邏輯上既不可能同真，亦不可能同假，這兩個述句就叫「**互相矛盾句**」（contradictories）。[15]

從互相矛盾這一特性我們可推知，兩個互相矛盾的述句必定是一真一假的。故此，若我們已知「陳水扁是現任台灣總統」是真的，就可知道「陳水扁不是現任台灣總統」是假的。反過來說，若已知「陳水扁是現任台灣總統」是假的，就可知道「陳水扁不是現任台灣總統」是真的。

---

15 任何陳述與其否定都是互相矛盾的；但請注意，反之卻不然（兩個互相矛盾的陳述不一定互為否定）。「如果明天世界末日，那麼明天世界末日」與「他愛錢並且不愛錢」這兩個陳述互相矛盾（前者屬重言句，不可能假；後者是自相矛盾句，不可能真。故此兩者不可能同真，也不可能同假），但卻不具互為否定的關係。

7.2 真值對反

就筆者所知，「矛盾」一詞源自中國古代名著《韓非子》的一則故事。一名賣武器的人宣稱：(1)「我的矛能刺穿所有盾。」但又說：(2)「我的盾能抵擋所有矛。」有趣的是，這兩個陳述並不是真的互相矛盾。互相矛盾的陳述既不可能同真亦不可能同假，而這兩個陳述卻只是不可能同真而已。肯定「我的矛能刺穿所有盾」和「我的盾能抵擋所有矛」隱含自相矛盾句，因為從前者可推出 (a)「我的矛能刺穿我的盾」，而從後者可推出 (b)「我的盾能抵擋我的矛」(即「我的盾不能被我的矛刺穿」)。把 (a) 和 (b) 聯合起來便得到「我的矛能刺穿我的盾並且我的盾不能被我的矛刺穿」這一自相矛盾句。然而，從否定「我的矛能刺穿所有盾」和「我的盾能抵擋所有矛」卻導不出任何自相矛盾。前者的否定是「我的矛不能刺穿所有盾」，後者的否定是「我的盾不能抵擋所有矛」，這兩個否定句邏輯上推導不出任何自相矛盾句。

像 (1) 和 (2) 這種邏輯上不可能同真但可能同假的陳述叫做**真值對反句** (contraries)。

細心觀察一下，你會發現不少人經常混淆互相矛盾與真值對反。[16] 未習邏輯的人一般會認為「地球是方的」和「地球

---

16 有些思方書並沒對這兩者作出區分，甚至有混淆兩者之嫌。勞伯·蕭勒士 (Robert H. Thouless) 寫道：「如果兩種說法彼此矛盾，那麼其中之一必定是謬誤的，或是這兩種說法全部不對。這是人們企圖作正確思想時所必知的真理，絕無任何理由能夠解釋兩種矛盾的見解都是正確的。」(蕭勒士著，林炳錚譯：《如何使思想正確》，香港：集思出版社，頁 124。)

是圓的」互相矛盾，但其實它們只是不可能同真但可能同假的真值對反句而已。

本篇練習

(I) 在以下的言論中，「不可能」/「不能夠」最應理解成哪一種不可能性？

1. 我們不可能製造一架超越光速的太空船。
2. 30 歲的女人不可能有 29 歲的兒子。
3. 水是不能夠切開麵包的。
4. 一加一不可能等於三。
5. 沒有學生證不能夠進入圖書館。

(II) 試把以下述句改寫成包含「可能」或「不可能」的述句。

1. 「有些馬不是馬」這一述句是必然地假的。
2. 「美國人都愛喝紅酒」這一述句並不是必然地真的。
3. 只要是物質，加熱後就一定會膨脹。

(III) 試以「充分條件」和「必要條件」表述以下述句。

1. 沒有妳，我一定活不下去。
2. 穿著校服者不得進入遊戲機中心。
3. 智商不達 148 不能成為Mensa會員。
4. 有愛就一定有恨，沒有恨則一定沒有愛。
5. 即使你凡事小心，愛惜身體，也不一定就能夠長命百歲。
6. 有信心未必會贏，沒有信心則肯定會輸。
7. 他不可能由 40 樓跳下而毫無損傷。

8. 即使你如何節儉，也不可能在兩年內賺得一千萬。
9. 沒有語言，我們就無法思考；但有了語言，不代表就能思考。
10. 未年滿 18 歲不可駕車。
11. 除非你年滿 3 歲，否則不能夠買超合金。
12. 入讀香港大學必須中英文合格。中英文合格卻未必能入讀香港大學。入讀香港大學還須滿足其他條件。

(IV) 第 6 章 6.5 對不可能性的區分是否已窮盡了所有不可能性的種類？請解釋你的答案。

(V) 選擇題

1. 「有權利不一定有義務，有義務也不一定有權利。」假設這話為真，有權利是有義務的______條件。

   A. 充分而非必要

   B. 必要而非充分

   C. 充分和必要

   D. 既非必要，亦不充分

2. 「沒有權利就一定沒有義務，有義務就一定有權利。」假設這話為真，有權利是有義務的______條件。

   A. 充分而非必要

   B. 必要

   C. 充分

   D. 既非必要，亦不充分

3. 「有權利一定有義務，有義務一定有權利。」假設這話為真，有權利是有義務的______條件。

   A. 充分而非必要

   B. 必要而非充分

   C. 充分和必要

   D. 既非必要，亦不充分

(VI) 以下哪組述句是不一致的？試解釋之。

(a)

1. 陳大豬很笨拙。

2. 黃大牛很勤奮。

3. 有些人很愛面子。

(b)

1. 所有人都會死。

2. 沒有人會死。

(c)

1. 所有豬都是動物。

2. 所有動物都會死。

3. 有些豬不會死。

(d)

1. 小明要麼吃餐蛋麵，要麼吃牛肉飯。

2. 小明沒吃餐蛋麵。

3. 小明沒吃牛肉飯。

(e)

1. 有些人死後將受上帝審判。

2. 有些人死後將輪迴轉世。

(f)

1. 小龍的武功是天下無敵的。

2. 大龍與小龍的武功同樣厲害。

(g)

1. 任何事物的存在皆有原因。

2. 上帝是第一因。

(h)

1. 疑人之心不可有。

2. 防人之心不可無。

(VII) 判別 (a)-(f) 屬以下 (1)-(4) 中哪一種類別：

(1) 可能同真，可能同假。

(2) 不可能同真，不可能同假 (互相矛盾)

(3) 不可能同真，可能同假 (真值對反)

(4) 可能同真，不可能同假 (假值對反(sub-contraries))

(a)

1. 人之初，性本善。

2. 人之初，性本惡。

(b)

1. 1+1=2

2. 如果人死如燈滅，那麼人死如燈滅。

(c)

1. 地球繞太陽運行。

2. 太陽繞地球運行。

(d)

1. 上帝創造宇宙。

2. 宇宙始於大爆炸(the Big Bang)。

(e)

1. 人類是上帝所造的。

2. 人類是由低等動物逐漸演化而成的。

(f)

1. 所有男人都是自負的,並且有些男人不自負。

2. 她很高大並且她(同時)不高大。

(VIII)是非題

1. 如果某事態邏輯上可能,那麼技術上也可能。
2. 如果某事態是真實的,那麼必定是邏輯上可能的。
3. 如果王老五是未婚的充分條件,那麼並非未婚是並非王老五的充分條件。
4. 不一致的述句都是無意義的。
5. 設 α 和 β 為任何兩個述句,若 α 與 β 不一致,那麼 α 是 β 的否定。
6. 設 α 和 β 為任何兩個述句,若 α 是 β 的否定,那麼 α 與 β 不一致。
7. 設 α 和 β 為任何兩個述句,若 α 是 β 的否定,並且 α

是真的，那麼β必然地是假的。

8. 設α和β為任何兩個述句，若α與β不一致，並且α是真的，那麼β一定是假的。

9. 一組一致的述句不一定包含真的述句。

第三篇

論證分析 (I)：演繹法

8 論證

8.1 甚麼是論證？

倘若你首次接觸思方，那大抵對「論證」(argument) 一詞會有點陌生。不過，敢肯定在現實生活中，你已提出過無數個論證——當你嘗試提出理據説服他人（或自己）接受某個觀點時，[17] 你就在建構論證了。

那論證究竟是甚麼呢？我們可這樣來界定：

論證由一個以上的述句組成，當中的一個述句叫做「結論」(conclusion)，其餘的叫做「前提」(premises)。結論表達某個觀點，前提則被用來證明 (justify) 結論。

「太抽象了！這堆文字究竟在説些甚麼？」——這恐怕是你此刻的反應。可先別被嚇退，看過下面的例子後，你會豁然開朗的。

例一

甲：「大輝的英語應該説得很好。」

---

17 本書將交替使用「觀點」、「主張」、「看法」、「説法」這些字詞。

乙：「為甚麼？」

甲：「他在英國唸了十多年書，大多數人在英國生活了一段日子後，英語都很流利，因此我相信他也不會例外。」

在這則對話中，乙對「大輝的英語很流利」這一看法表示疑問。為解除乙的疑問，甲對這看法提出了論證。這論證由兩個前提和一個結論組成。前提是「大多數人在英國生活了一段日子後，英語都很流利」和「大輝在英國唸了十多年書」這兩個述句，結論則是「大輝的英語很流利」。提出這論證的目的，就是嘗試以這些前提來證明結論。

例二

丙：「我認為安樂死是不道德的！」

丁：「你有甚麼理由？」

丙：「安樂死無異於自殺。而由於自殺在任何情況下都是不對的，所以我認為安樂死必定也不道德。」

此處丁質疑丙的看法。為了説服丁，丙對他的看法提出論證——意圖以「安樂死無異於自殺」和「自殺行為在任何情況下都是不對的」這兩個述句為理由來證明「安樂死也不道德」這一看法。

從上述例子可見，論證簡單來説就是證明看法的工具。一個論證有多少個前提並無上限，但至少要有一個。

8.2 標準化論證

研習思方的其中一個主要目的，是要學懂如何評價論證，即判斷論證的好壞。為求清楚明晰起見，在評價論證前，我們會先把論證寫成**標準形式**（standard form）。簡單來說，就是把前提與結論分別以不同的數字標示，再將之由上至下一行一行的排列。結論寫在最末一行，其餘各行寫上前提。(習慣上我們還會以一條橫線分隔開前提和結論，使論證的結構更清楚分明。) 譬如甲和丙的論證就可分別寫成下面的標準式：

1. 大多數人到英國生活一段時間後，都能操一口流利英語。
2. 大輝在英國唸了十多年書。

---

3. 所以，大輝〔很可能〕也能操流利英語。

1. 所有自殺行為都是不道德的。
2. 安樂死是自殺行為。

---

3. 所以，安樂死〔必定〕是不道德的。

要注意的是，「一定」、「很可能」、「應該」、「必定」這些字詞所表示的是前提與結論間的推論關係（表示前提真，結論一定/必定/很可能/應該真），並不是結論的一部分，所以通常把它們寫進〔 〕內，以和結論區別開來。

本篇往後各章節將介紹評價各類論證的技巧。但在此之前，讓我們先看看一些辨識論證的基本方法。

8.3 如何找出論證？

如何判斷某個言論是否包含了論證呢？有時候，結論出現前會有「因此」、「所以」、「故此」這些**結論指示詞**（conclusion indicators）作引介（比如 8.1 的例子），前提也常緊接着「由於」、「因為」、「基於」這些**前提指示詞**（premise indicators）。當言論出現這些指示詞時，當中可能就包含了論證。

以下列出一些常見的指示詞：

前提指示詞：

- 由於
- 基於
- 鑑於
- 因為
- 理由是

結論指示詞：

- 因此
- 所以
- 故此
- 根據以上理由
- 可下結論說

但請留意，這些字詞僅供參考，可別過於依賴。指示詞的出現，對於言論是否包含論證，既不是必要，亦不是充分的。試看以下文字：

北京大學的教學語言是普通話，東京大學和巴黎大學也各以母語為其授課語言，但它們顯然屬世界級名牌大學。那些以為只有以英語授課，才能讓大學躋身入國際一流學府的人，實在幼稚天真之極。

文中雖找不到任何前提或結論指示詞，但細心理解文意後，不難看出也包含了論證。作者意圖證明「要成為國際一流學府，就必須以英語作授課語言」這一想法是錯誤的，理由是有些大學雖不以英語授課，卻同樣能躋身一流學府之列。論證可寫成以下標準式：

1. 北京大學、東京大學和巴黎大學均為國際一流大學，卻不是以英語為授課語言。

---

2. 所以，成為國際一流學府不一定須以英語作授課語言。

論證甚至可以問句的形式出現，試看：

楊署長犯了這種大錯竟不需負責，難道官員不用對其所犯的錯誤負責嗎？

這段以修辭問句（rhetorical question）作結的文字也為一論證。作者顯然預期我們會對問句回答「不是」，若是如此，那很自然地，我們也應同意楊署長應對其錯誤負責。這論證大致上可重構如下：

1. 官員應對其錯誤負責。
2. 楊署長犯了錯。

---

3. 所以，楊署長應對其錯誤負責。

這些例子顯示，論證出現時不總是伴隨前提或結論指示詞。另一方面，文中出現這些指示詞時也不一定內含論證。

甲：「為甚麼戲院外這麼擠？」

乙：「因為現正上映《葉問 3》。」

乙雖用了「因為」這個前提指示詞，卻沒有提出任何論證。提出論證的最主要目的，是嘗試以理據說服聽者接受某個觀點。通常只有當聽者質疑某個觀點時，我們才會對其提出論證。在上面的對話中，甲並沒質疑戲院外很擠（事實上是他自己指出這點的），乙的回應因此不該視為論證。乙的真正意圖不是要令甲同意戲院外很擠，而是要對這事件的發生給出一個原因；也就是說，對事件提出一個**因果解釋**（causal explanation）。

從以上討論可見，判斷某段文字是否包含論證最穩當的方法，並非考察前提或結論指示詞是否有出現，而是嘗試從文意去判斷作者的意圖。問問自己，在文段中，作者是否意圖提出某些論據以說服我們接受某個觀點？答案若是肯定的，文中就包含了論證。

如何區分論證和因果解釋

「由於志明今個學期極之懶散，上課又不留心，所以最終他的數學科不合格。」

以上語句是論證還是因果解釋呢？不知道——除非我們得知它的語境。

語境（一）：志明的媽媽看到兒子的成績表，發現他的數學不合格，找他的班主任問個究竟時，班主任如是說。

語境（二）：志明過往成績優異，德輝（志明的同班同學）卻聽到有人說志明的數學不合格，心感懷疑。為令德輝相信此事，大文如是說。

在第一個語境中，班主任的話應理解成解釋。志明的媽媽已知道兒子不合格的事，因此班主任說這話的目的顯然不是要說服她接受這一事實；真正的目的是要指出導致這事的原因。

在第二個語境中，大文的話應理解成論證。德輝對志明不合格一事存疑，大文指出今個學期志明懶惰又不留心，令德輝相信志明的數學科不合格。

* * *

上例顯示，判斷某段文字是論證還是解釋，我們必須考慮其出現的語境。因為一個語句在某些語境中是解釋，在另一些語境中卻可能是論證。區別論證和解釋的一個有用（但並非萬無一失）的測試是這樣的：設S為任何一個具「由於……所以……」的語句，如果「所以」之後的語句在S出現的語境中未為聽者所接受，S（在該語境中）就是論證；如果「所以」之後的語句在S出現的語境中已為聽者所接受，S（在該語境中）就是解釋。

「如果……那麼……」vs.「由於……所以……」

初習思方的人很易混淆「如果α，那麼β」和「由於α，所以β」這兩種句式結構。兩者雖有地方相似，卻有着重大的差異。設想你被警察逮捕了，判刑時法官對你說：「如果證據不足，那麼你將無罪釋放。」此時你會感到高興嗎？顯然不！因為法官只是說在證據不足這一假設的情況下，你會獲得釋放，沒說現在真的證據不足，因此不代表你能獲得釋放。但要是法官說：「由於證據不足，所以你將無罪釋放。」那你大可鬆一口氣，因為這不僅表示在證據不足的情況下你會被釋放，還確實表示現在真的證據不足，因此你將可重獲自由。

從上述例子可見，「如果 α，那麼 β」和「由於 α，所以 β」這兩種不同結構的句子意思並不相同，最大的差別在於只有後者斷言 α 屬實。

8.4 評價論證

即使你從未學過任何評價論證的技巧，憑直覺和常識也能大概分辨得出論證的好壞。若有人論證說所有菲律賓人都愛吃西瓜，給出的理由卻只是他家裏的菲傭很愛吃而已，那幾乎可肯定，你會和我一樣，認為這是個極差的論證（雖然你未必能一針見血地指出它有甚麼毛病）。

然而，直覺和常識不總是很可靠，有時甚至會把我們誤導。故此，我們須學習一套可靠的評價論證方法。

有學者認為，要評價一個論證，必須回答一長串的問題。[18] 筆者對這進路卻有所保留。考慮太多問題，對評價論

18 譬如尼爾・布朗（M. Neil Browine）和史都華・基里（Stuart M. Keeley）在《問對問題，找答案》（台北：商智文化，2004 年 2 月）一書中就主張，要評價某個論證，最好先問十一個問題。

證不僅未必有助益，有時反而會妨礙思考。事實上，判斷一個論證是好是壞，基本上只需考慮以下三個問題（稱它們為**評價問題**）：

Q1：前提是否**支持**（support）結論？

Q2：前提是否**全真**？

Q3：前提是否**不含不當的預設**？

大致上，如果就這三個問題的答案都是肯定的，當前被評價的論證就是好的。本書往後的篇幅，主要就是圍繞這三大評價問題。

9 對確和真確

9.1 對確性

即使對第一個評價問題（「論證的前提是否支持結論？」）的答案是肯定的，我們仍可進一步追問，前提究竟對結論提供多少程度的支持？就這問題的一個可能答案是，前提絕對或完全地支持結論。但這說法究竟是甚麼意思呢？

考察下面兩個論證：

（A）

1. 大明是王老五。

---

2. 所以，大明未婚。

（B）

1. 大明是王老五。

---

2. 所以，大明是個悶蛋。

直覺上，假若（A）的前提全是真的，那麼它的結論必然也是真的；換個方式說，沒有一個邏輯可能情況（A）的前提全真而結論假。假若大明確實是個王老五，那麼他必然就是未婚的；說他是個王老五又（同時）說他已婚顯然會導出自相矛盾句。

反觀論證（B）則欠缺此特性。即使（B）的前提全真，結論也不必然地真：即使大明真的是王老五，那也不表示他必然就是個悶蛋。也許他為人風趣健談、見多博聞，不少人甚喜與他交往。換言之，大明是王老五卻不是個悶蛋這一事態是邏輯上可能發生的。

像（A）這種滿足「如果前提全真，結論必然地亦真」這條件的論證叫做「**演繹對確論證**」（deductively valid argument）（或只簡稱做「**對確論證**」），像（B）這種不滿足這條件的論證叫做「**演繹不對確論證**」（deductively invalid argument）（或只簡稱做「**不對確論證**」）。「對確論證」可精確界定如下：

所謂「一個論證是對確的」，意思是說這個論證滿足「如果前提真，結論邏輯必然地亦真」（即「沒有一個邏輯可能情況論證的前提全真而結論假」）這一條件。

根據一種常見的看法，所謂「某個論證的前提絕對地或完全地支持結論」，意思就是說，該論證是對確的。

從上面的界說可立刻看出，對確性並無程度高低可言：一個論證要麼對確，要麼不對確，絕不會出現有 90% 對確或 78% 不對確這些情況。所以，緊記別說「這個論證非常對確」、「你的論證有點兒不對確」、「他的論證比你的更對確」這些話。

表達論證對確有好幾種不同方式，最常見的有：

- 從前提可**必然地推出**（necessarily infer）結論；
- 從前提可**演繹出**（deduce）結論；

- 結論是前提的**邏輯結果**（logical consequence）；
- 前提**涵蘊**（imply）結論；
- 從前提可**對確地推論出**（validly infer）結論；
- 前提真而結論假是**邏輯上不可能的（不一致的）**。

9.2 如何判斷論證是否對確？

要判斷論證對確與否，一個簡便有效的方法是這樣的。考察是否至少有一個邏輯可能（即不矛盾）的情況，在這情況中論證的前提全真而結論假。若有此情況，論證不對確；若沒有這情況（即前提全真而結論假的情況隱含矛盾），則論證對確。下面以幾個例子說明這方法。

例一

1.「後現代教育」是全港最佳的補習社。

---

2. 所以，「後現代教育」是一間很好的補習社。

假設全港只得「後現代」和「精精」兩間補習社。這兩間補習社無論在師資、教學方法還是設備方面，都極之差劣。不過，相對來說「後現代」算是比「精精」好一些。在這一假想的可能情況下，(1) 是真的而 (2) 是假的。因此，根據「不對確論證」的界說，這論證不對確。

例二

1. 所有科學家都是人。
2. 達爾文是人。

---

3. 所以，達爾文是科學家。

這論證的前提和結論都是真的，但並不對確。我們可想像一個可能情況，在這情況中，所有科學家都是人，且達爾文是人；但他從未接觸過科學，成不了科學家。因此，在這情況下前提全真而結論假。

也許你已留意到，證明以上兩例不對確所設想的情況都不是真實的：在現實世界中香港不是只得兩間補習社，達爾文也不是沒接觸過科學，但這並不要緊，重要的是這些假想的情況沒有矛盾，且足以顯示論證在這些情況下前提全真而結論假。

例三

1. 所有中國人都可長生不老。
2. 奧巴馬是中國人。

---

3. 所以，奧巴馬可長生不老。

例三是對確論證，因為不存在任何邏輯可能的情況前提全真而結論假；或換句話說，前提全真而結論假的組合是隱含矛盾的。假定前提全真而結論假，這代表奧巴馬能長生不老同時又不能長生不老，因為（1）和（2）隱含奧巴馬能長生不老，而否定（3）（即（3）為假）等於說他不能長生不老。這一組合顯然有矛盾，而不能在任何可能情況下為真。

例四

1. 2010 世界盃在南非或中國舉行。
2. 2010 世界盃不在中國舉行。

---

3. 所以，2010 世界盃在南非舉行。

這論證不可能前提全真而結論假，因為（1）和（2）同真代表 2010 世界盃在南非舉行，否定（3）代表 2010 世界盃並非在南非舉行。這一組合是邏輯上不可能的。

上面的說明帶出對確性的一個要點。一般而言，只知道前提和結論的實際真值，不足以決定論證是否對確。例二和例四的前提和結論都是真的，但只有後者對確。例三的前提和結論都假，但卻是對確的。對確性所關乎的是前提與結論之間的支持關係；要判斷論證是否對確，要考慮的不是前提和結論的實際真假，而是當前提真的時候結論是否必然地同時亦真。

不過，若是發現某個論證有前提真而結論假這一組合，我們就能立刻判定該論證不對確。理由如下：若出現這一組合，那代表該論證邏輯上有可能前提真而結論假，也就是說，該論證不對確。

「對確性」這概念在評價論證上扮演極為重要的角色，所以請讀者務必好好消化這概念。

真vs.對確

在課堂上，屢次聽到學生問「這個論證是不是真的？」「這個述句是不是對確的？」這類問題。請記住，只有述句才有（真值上的）真假可言，只有論證才有所謂對確或不對確。在邏輯上，我們不會稱一個述句是對確的（或不對確的），也不會說某一論證是真的（或假的）。

對確性怪論

提出「對確性」這概念的目的，是嘗試以「必然」、「不可能」這些概念去闡釋「前提絕對支持結論」這一概念。很不幸，這一嘗試未見完全成功。考察以下兩個論證：

（一）

1. 陳大文是人並且不是人。

---

2. 所以，2019 年將爆發核戰。

（二）

1. 布殊愛吃馬鈴薯。

---

2. 所以，1+1= 2。

論證（一）的前提是矛盾句。矛盾句邏輯上不可能真。故此，論證（一）不可能前提全真而結論假，也就是說，它是對確的。論證（二）的結論是重言句。重言句邏輯上不可能為假。所以，論證（二）也沒可能前提全真而結論假，因而也是對確的。

但直覺上，這兩個對確論證的前提和結論根本就無任何關係！「對確」的界說竟不能排除像（一）、（二）這些論證，顯然未全完善。

為解決上述麻煩，邏輯家發展了一門叫做「相干邏輯」（relevant logic）的邏輯系統。這門邏輯屬哲學邏輯的範疇，不在此論述。

「對確」的界說雖有上述缺點，但像上面這些例子只屬特例，在其他情況下，對確性仍能予「前提絕對支持結論」一個良好的闡釋。

9.3 真確性

對確性只保證如果論證的前提全真，結論也必定真，不擔保前提一定是真的。故此，若我們只知道某個論證對確，不能草率地就下結論説，這是一個好論證。讀者應還記得，好的論證還必須前提全真。

對確且前提全真的論證叫做「**真確論證**」（sound argument）。從這界説可看出，只要論證有一個或以上的假前提，又或者論證本身不對確，又或兩者皆是，那麼它就是**不真確的**（unsound）。

不難發現，真確的論證不可能有假的結論。理由很簡單，「對確論證」被界定為滿足「沒有一個可能情況前提全真而結論假」這條件的論證。假若我們説一個真確論證的結論是假的，那麼就是承認存在一個可能情況（現實情況）論證的前提全真而結論假。這明顯有矛盾。

此時你腦海可能浮現這問題：「既然對確且前提全真的論證的結論必然是真的，一個對確論證若包含假前提，是否可推出該論證的結論一定是假的？」答案是否定的。以為假值會由對確論證的前提傳遞至結論，是一個易犯又常見的謬誤——常見得給取了個名字——叫做「**假值傳遞的謬誤**」（fallacy of transferring falsehood）。

只要稍為留意一下一般人的言談，就不難找到這種謬誤的例子：「既然大前提錯了，結論自然是錯誤的」、「理論的基礎崩潰了，結論也就隨之應聲倒地」、「你這理論的假設已被摧毀，結論自然不攻而破」。這些話雖沒提及對確性這一概念（不是太多人認識這概念），但表達的意思大致上相同：即使推論無誤，假的前提一定會導出假的結論。

事實上，構作前提全假而結論真的對確論證並不是甚麼難事，下面只是順手拈來的一個例子：

1. 所有運動員都是女性。（假）
2. 昂山素姬是運動員。（假）

---

3. 因此，昂山素姬是女性。（真）

讀至這裏，你可能會認為，凡是真確的論證，一定是好論證。事情可沒這麼簡單，雖然真確論證的前提既支持結論又是真的，在〈不當預設的謬誤〉那章（第 21 章），我們將看到，滿足這兩個條件還不足以構成好論證。

10 對確的推論規則

上一章説過，判斷一個論證是否對確，須考慮該論證有沒有可能前提全真而結論假。若沒有，論證對確；若有，論證不對確。這個方法依靠想像力與直覺，應付簡單的論證還可以，碰到比較複雜的就不太可靠了。有見及此，邏輯學家制定了一些**對確的推論規則**（valid inferential rules），只要發現論證依循這些規則，就可以肯定論證是對確的，而無須再用上一章介紹的方法。本章介紹一些最常見、最有用的推論規則。[19]

10.1 論證形式

（1）肯定前項（Affirming the Antecedent）（簡稱（A.A））

1. 如果α，那麼β。
2. α。

---

3. 因此，β。

---

19 本章旨在説明如何能使用語句連詞的推論規則判斷論證的對確性，無意建立一個嚴謹的命題演算系統（a system of propositional calculus）。

方格內的希臘字母 α、β 叫做「**語句變項**」（sentential variables）。語句變項的功用與數字變項的功用很相似，不同之處在於後者用來取代數字，前者則拿來取代述句。

任何依循（A.A）規則的論證——任何具這種形式的論證——都是對確的。例如：

- 如果我們不停止獵殺鯊魚，那麼牠們的數目將會大量減少。我們仍然在獵殺鯊魚。所以，牠們的數目將會大量減少。

- 只有當他父親死後他才能繼承遺產。他繼承了遺產。由此可見，他父親死了。

千萬別混淆（A.A）與以下規則。

肯定後項（Affirming the Consequent）（簡稱（A.C））

1. 如果 α，那麼 β。
2. β。

---

3. 因此，α。

（A.C）並不對確，也就是說**至少有一個**具這形式的論證是不對確的。例如：

1. 如果天下雨，那麼地會濕。
2. 現在地濕了。

---

3. 所以，天正在下雨。

即使這論證的前提全真，結論也不必然地真。我們可以想像前提（1）和（2）都是真的，但天並沒有下雨，地濕了只因有人弄翻了水杯。

（2）否定後項（Denying the Consequent）（簡稱（D.C））

1. 如果 α，那麼 β。
2. 並非 β。
3. 因此，並非 α。

（D.C）也許是我們思考時應用最多的規則之一，下面舉一些例子：

- 如果王大丙要考入中大，那麼他必須會考中文科合格。他會考中文科不合格。所以，他不能考入中大。
- 如果你不奮發向上，那麼她就不會看上你。她看上了你。由此可知你有奮發向上。

人們經常混淆（D.C）與以下規則。

否定前項（Denying the Antecedent）（簡稱（D.A））

1. 如果 α，那麼 β。
2. 並非 α。
3. 因此，並非 β。

只要細心想一想，就能發現（D.A）並不對確：擁有這形式的論證不一定是對確的，例如：

1. 如果老張現在服毒，那麼他將在八時前死亡。
2. 老張現在並沒有服毒。

---

3. 所以，他不會在八時前死亡。

我們可設想前提（1）是真的且老張並沒服毒，但他因心臟病發而在八時前暴斃。故此，這論證容許有前提真而結論假的可能，並不對確。

條件句

具有「如果α，那麼β」這種結構的述句叫做「**標準式條件句**」（standard form of conditional statement），例如：

1. 如果偉強從滙豐銀行中心頂樓跳下，那麼他將會粉身碎骨。
2. 如果所有人也愛賭並且小丙是人，那麼他也愛賭。
3. 如果你繼續沉迷賭博，那麼早晚你會妻離子散。

在一個條件句中，緊接着「如果」的語句叫做（該條件句的）**前項**（antecedent），緊接着「那麼」的語句叫做（該條件句的）**後項**（consequent）。例如，（1）的前項和後項就分別為「偉強從滙豐銀行中心頂樓跳下」及「他（偉強）將會粉身碎骨」。

一個條件句在甚麼情況下為真，在甚麼情況下為假呢？我們可以下面的圖表〔稱之為「條件句的基本真值表」(basic truth table)〕來回答這問題：

α	β	如果α，那麼β
T	**T**	**T**
T	**F**	**F**
F	**T**	**T**
F	**F**	**T**

表中的首兩欄列出任何兩個述句α、β的所有可能真值組合(真值與假值分別以T與F表示)。由於一個述句只有真假兩種可能，所以兩個述句總計有4(2x2)個真值可能組合(因而表中總計有四行)。最末一欄標示條件句與前項後項之間的真值關係，即當α、β在不同的真值底下，「如果α，那麼β」所對應的真值。

讓我們以一個具體例子說明上表。設想你的老闆對你說：「如果你今年表現好，年底將加薪。」假設你今年表現確實良好，而老闆又真的加薪給你。根據表中的第一行，他所說的話就是真的，因為在此情況下前項(「你今年表現好」)和後項(「你年底加薪」)都真。

設想雖然今年你表現佳，老闆卻不肯加薪。根據表中第二行，他所說的話就是假的，因為在這情況下前項真而後項假，整個條件句是假的。

表中的第三、四行可能令你困惑。何解當前項假時，條件句會是真的？要明白這點不妨如此想。設想你今年表現欠佳（前項假），老闆卻不知何故竟加薪給你（後項真），這時你能說他之前的話是假的嗎？不能，因為他只是說在你今年表現良好這一假想情況下你會加薪，沒說你表現不佳他會怎樣做。而因為一個述句不是假的就是真的，既然他沒說假話，就代表他的話是真的。

使用類似分析，也能解釋為甚麼當你表現欠佳而老闆又沒加薪給你時（前項和後項都假），他所說的話是真的。

從以上討論可見，只有當前項真而後項假時，條件句才是假的（表中第二行）；在其餘情況下，條件句皆是真的（表中第一、三和第四行）。

表達條件句的不同方式

在日常語言中，表達條件句的方式相當豐富。以下語句全都可視為條件句：

1. 敵不動，我不動。
2. 只有當你買鑽戒給我，我才會嫁給你。
3. 只要你不濫交，那麼就不會感染到愛滋病。
4. 學生具良好的中文水平是入讀中文大學的必要條件。
5. 除非你高考英文科合格，否則不能入讀港大。

然而，條件句的多樣性卻易令人混淆其前項與後項。考考你，（2）和（5）該如何改寫成標準式條件句？

一些人把（2）改寫成：

（2*）如果你買鑽戒給我，那麼我會嫁給你。

設想你向女友求婚時，她以（2）回應。事後你送她一枚鑽戒，她卻仍然不肯嫁你。此時你能指控她不守承諾（亦即她早前說的話是假的）嗎？當然不能。（2）的意思並不是說，若你送鑽戒給她，她就願意嫁你；而只是說，倘若你不送她鑽戒，她是不會嫁你的。換言之，送她一枚鑽戒是她嫁給你的其中一個必要但不充分的條件。因此把（2）改寫為（2*）是錯誤的，正確的改寫是：

（2）如果我嫁給你，那麼你買了鑽戒給我。**

要正確改寫像（2）這類句子成標準式條件句，緊記以下規則：在大多數的情況下，「只有當」之後的句子都是後項。因此具有「只有當 α 才 β 」（“ β only if α ”）這形式的句子可改寫成「如果 β ，那麼 α 」的形式。

有人認為（5）可改寫成：

（5*）如果你高考英文科合格，那麼你能入讀港大。

但這明顯不對。設想你高考英文科合格，港大卻拒絕了你的申請，你可投訴她不守承諾嗎？當然不能。（5）只是說英文合格是入讀港大的其中一個必要條件，沒說這條件是充分的。因此（5）的真正意思是：

(5**) 如果你高考英文科不合格，那麼不能入讀港大。

有一個相當可靠的方法可把「除非α，否則β」(“β unless α”)這類型的句子改成標準式條件句：先將「除非」或「否則」後面的語句否定，放在前項；再將另外一個語句放在後項。譬如（5）除可寫成（5**）之外，還可寫成：

如果你能入讀港大，那麼你高考英文科合格。

（3）條件句三段論（Hypothetical Syllogism）（簡稱H.S）

1 如果α，那麼β。
2 如果β，那麼γ。
3 因此，如果α，那麼γ。

進行預測和計劃時，我們經常會應用上面的推論規則，例如：

- 如果今年再度出現金融風暴，樓價將會大跌。如果樓價大跌，很多地產經紀將失業。因此，如果今年再度出現金融風暴，很多地產經紀將失業。
- 如果我能拿到9A的成績，那麼我能順利入讀中大。而假如我入了中大，那麼我將選修物理。因此，如果我能拿到9A的成績，我將選修物理。

（4）析取句三段論（Disjunctive Syllogism）（簡稱D.S）

1. α或者β。 2. 並非β。 ——— 3. 因此，α。	或	1. α或者β。 2. 並非α。 ——— 3. 因此，β。

例如：

- 他患了腸癌或肺癌。經詳細檢查後，發現他沒患肺癌。由此可見，他患的是腸癌。
- 小明去了日本或是英國。他沒有去日本。可見他去了英國。

析取句

把兩個語句以「或（者）」這類連詞連接起來後，所得的語句叫做**析取句**（disjunction），例如：

1. 大華選修文學或者細華選修化學。
2. 晚餐奉送咖啡或奶茶。
3. 你必須在三月五日或之前遞交申請表。

構成析取句的語句稱為「**析取**」（disjunct），例如，「大華選修文學」與「細華選修化學」這兩個語句就為(1)的析取。

表達析取句有很多不同方式，以下只是其中兩種：

4. 要不是曾蔭權當選特首，就是李永達當選特首。
5. 要麼人死如燈滅，要麼死後有來世。

在日常語言中，「或者」至少有兩種不同的用法：一為**兼容的**（inclusive），另一為**相斥的**（exclusive）。一個析取（陳述句）無論是兼容還是相斥的，當其兩個析取都假時，整個析取句就是假的。兩者的主要不同在於，當其兩個析取都真時，兼容的析取句是真的，相斥的析取句是假的。換言之，兼容析取句斷言至少有一個析取是真的，相斥析取句斷言至少並且至多有一個析取是真的。

要判斷「或」屬何種用法，除需考察句中字詞的意義外，有時還需借助語境及常識。假如醫生對病人說：

感冒可引起發燒或流鼻水。

那很明顯，他說話中的「或」應是兼容之意。但若你不幸遇劫，劫匪以刀指向你脖子問：「要錢還是要命？」稍有常識的人也能判斷劫匪的意思是，金錢與性命只能擇一而不能兼得——大概沒人會愚蠢到說「我兩者也要」吧！

（5）兩難式（Dilemma）（簡稱Dil）

1. α 或 β（要麼 α，要麼 β）。
2. 如果 α，那麼 γ。
3. 如果 β，那麼 δ。

---

4. 因此，γ 或者 δ。

例子：

• 要麼實行母語教學，要麼維持以英語教學。倘若實行母語教學，學生的英語水平勢必下降。但若維持以英語教學，學生的思考水平將難以提升。因此，要不是學生的英語水平下降，就是難以提升他們的思考水平。

• 要麼上帝能造一塊祂自己也舉不起的石頭，要麼祂不能。假若上帝能造一塊祂自己也舉不起的石頭，那麼祂不是全能的。假若上帝不能造一塊祂自己也舉不起的石頭，那麼祂也不是全能的。因此，上帝不是全能的。[20]

把上面的推論規則叫做「兩難式」可能有誤導之嫌。這名稱似乎暗示，結論中的析取句必然是壞事，但其實不然：

他將娶小玲這大美人或小花這富婆。要是她娶了小玲這大美人，他一世將有美相伴。要是娶了小花這富婆，他將可盡享榮華富貴。所以，他要麼有美相伴，要麼可盡享榮華富貴。

這論證完全符合兩難式，但結論很難說是壞事。

最後介紹的兩個推論規則瑣碎得幾乎用不着說出來：

---

20 從邏輯的觀點看，「α 或 α」與「α」意思相同。故此「上帝不是全能的或上帝不是全能的」可簡約成「上帝不是全能的」。

（6）簡化律（Rule of Simplification）（簡稱Simp）

1. α 並且 β。
―――――――
2. 所以 α。

或

1. α 並且 β。
―――――――
2. 所以 β。

（7）添加律（Rule of Conjunction）（簡稱Conj）

1. α。
2. β。
―――――――
3. 所以，α 並且 β。

10.2 互換規則

（8）雙重否定律（Rule of Double Negation）（簡稱D.N）

並非並非 α ≡ α

驟眼看來，（D.N）似乎很難理解，其實它的含意簡單得不得了。（D.N）的意思不過是說，把任何一個述句否定兩次，可對確地推論出原來的述句；且從任何一個述句，可對確地推論其否定的否定。譬如從「並非並非今天下雨」（或比較自然地說「並非今天沒有下雨」）可對確地推論出「今天下雨」，從「今天下雨」也可對確地推論出「並非今天沒有下雨」。

你應該已留意到，（D.N）與早前介紹的對確推論規則有一重要的分別。規則（1）-（7）全都是「單向性」的。就拿（Simp）來說，從「α並且β」，我們可對確地推論出「α」；但我們卻不能從「α」對確地推論出「α並且β」。簡言之，「α並且β」與「α」並非邏輯上等值，不能互換。

（D.N）卻是「相向性」的：不僅從「並非並非α」可對確地推論出「α」，從「α」也能對確地推論出「並非並非α」。換言之，「並非並非α」和「α」**邏輯上等值**（logically equivalent），可互相轉換。

以下介紹的規則的左右兩式都是邏輯上等值的，讓我們稱它們為「**互換規則**」（rules of replacement）。

（9）逆位轉換律（Rule of Contraposition）（簡稱（Contra））

如果α，那麼β ≡ 如果並非β，那麼並非α

比如從「如果你是大學教授，那麼你擁有博士學位」可對確地推論出「如果你沒有博士學位，那麼你不是大學教授」，從「如果你沒有博士學位，那麼你不是大學教授」可對確地推論出「如果你是大學教授，那麼你擁有博士學位」。又例如從「若你未滿18歲，那麼你不能投票」可對確地推論出「若你能投票，那麼你已滿18歲」，從「若你能投票，那麼你已滿18歲」可對確地推論出「若你未滿18歲，那麼你不能投票」。

在「表達條件句的不同方式」的方塊中說過，「除非 α，否則 β」可改寫成「如果並非 α，那麼 β」，亦可改寫成「如果並非 β，那麼 α」。現在你應能看出為甚麼了。因為根據（Contra）和（D.N），這兩個寫法邏輯上是等值的。

不少人認為可從「如果 α，那麼 β」推出「如果並非 α，那麼並非 β」。比如以為從「如果老張中風，那麼他會死亡」可推出「如果老張沒有中風，那麼他不會死亡」。但從邏輯的觀點看，這推論是不成立的。就拿這例來說，不難想像第一個述句為真而第二個述句為假的可能情況。例如老張雖沒有中風，卻不幸遇上車禍死了。

（10）實質涵蘊律（Rule of Implication）（簡稱（Impl））

如果 α，那麼 β ≡ 並非 α 或 β

根據（Impl），我們可從「如果他不學法文，那麼他學日文」推論出「並非他不學法文或者他學日文」，從「並非他不學法文或者他學日文」亦可推論出「如果他不學法文，那麼他學日文」。由於左右兩邊的句式邏輯上等值，所以條件句和（兼容的）析取句是可以互換的。

10.3 推論規則的聯用

剛介紹過的 10 條對確推論規則不一定要分開使用，還可聯合運用來處理比較複雜的論證。以下透過兩個例子來說明。

例一

（1）如果黃議員不當選，那麼梁議員會當選。（2）梁議員若當選了，立法會將不得安寧。（3）要麼立法會將得到安寧，要麼有議員會離開立法會。我認為（4）沒有議員會離開立法會。由此可知，黃議員會當選。

上例中的語句相當長，令人不易看出其結構。但若我們以p、q、r、s這些英文字母分別代表例中的各個語句，其邏輯結構就可清楚呈現。

讓我們以p代表「黃議員當選」，以q代表「梁議員當選」，以r代表「立法會將得到安寧」，以s代表「有議員會離開立法會」。例一就可寫成以下的標準式：

1. 如果並非p，那麼q。
2. 如果q，那麼並非r。
3. r或者s。
4. 並非s。

因此p。

要證明這論證對確，首先我們可應用（D.S）從（3）和（4）推出（5）r（「立法會將得到安寧」）。接着應用（D.N）從（5）推出（6）並非並非r（「並非立法會將不得安寧」）。然後使用（D.C），從（2）和（6）推出（7）並非q（「梁議員不會當選」）。再使用（D.C）一次，則可從（1）和（7）推出（8）並非並非p（「並非黃議員不會當選」）。最後使用（D.N），就能從（8）得到p（「黃議員會當選」）這一結論。

以上每步推論都應用了對確的推論規則，因此我們能肯定例一是對確的論證，即若其前提（1）-（4）全真，結論必然地亦真。

例二

（1）如果甲沒選修物理，那代表他沒入讀理學院。（2）甲若選修了物理，則不會選修經濟。（3）要是甲入讀社會科學院，那他必須選修經濟。（4）甲入讀理學院或社會科學院。因此，甲選修了物理或經濟。

以p、q、r、s分別代表「甲選修物理」、「甲入讀理學院」、「甲選修經濟」和「甲入讀社會科學院」這四個語句後，上例就可寫成以下形式：

1. 如果並非p，那麼並非q。
2. 如果p，那麼並非r。
3. 如果s，那麼r。
4. q或者 s。

因此，p或者r。

要顯示上例為對確論證，首先可應用（Contra）把（1）轉換成（5）如果q，那麼p（「如果甲入讀理學院，那麼他選修物理」）。然後使用（Dil），就可從（3）、（4）和（5）共同導出p或者r（「甲選修了物理或經濟」）這一結論。

10.4 其他類型的推論規則

本章介紹了一些日常生活中常用到的對確推論規則。對確推論規則具有「保真性」(truth-preserving):只要始於真前提,依循這些規則就能確保我們得到真結論。對確的推論規則還有許多,有些涉及「所有」、「沒有」、「有些」等量詞(quantifiers);有些處理「必然」、「可能」等模態詞。研究不同模式的推論構成現代邏輯的各個不同分支,對此有興趣的讀者不妨找些相關的書來看。[21]

21 有關量詞的對確推論規則,可參考〈More patterns of valid arguments〉,http://philosophy.hku.hk/think/arg/valid3.php.

11 歸謬法

要證明某個觀點，通常的做法是，顯示這觀點如何由某些真前提一步一步對確地推導出來。這種證明方法可稱為「**直接證法**」(direct proof)。[22]

然而，證明某個觀點也可循其他路線。本章介紹一種稱之為「**歸謬法**」(*reductio ad absurdum*)的證明方法(亦稱「**間接證法**」(indirect proof))。在論辯時應用這方法，往往使論證更具説服力，令人留下更深刻的印象。

以下先説明歸謬法的基本步驟及其背後的原理，再舉出幾個應用這方法的例子。

大致上，歸謬法可分為下述三個步驟：

1. 先假設P為假(即假設P的否定為真)。
2. 從P為假這一前提，以及其他附加的真前提，演繹出一個假的語句(例如自相矛盾句)。
3. 下結論説：P是真的。

---

22 這裏説的是必然性證明。證明並非只得這一種，下章將介紹概然性證明——蓋確論證。

歸謬法的原理並不難理解。上章10.4中說過，只要始於真的前提，依循對確的推論規則不可能導出假的結論。因此，若從語句P的否定及其他附加的前提，依對確的規則卻演繹出了一個假的結論，而我們又能肯定那些附加的前提是真的，那麼就可肯定P的否定是假的。而既然P的否定是假的，P就必定是真的。

接下來讓我們看看一些應用歸謬法的例子。

例一

有人說「世上根本沒有真理」。但這話究竟是甚麼意思呢？如果把它理解為「所有話都是假的」，那麼輕易就能以歸謬法證明其錯謬。讓我們先假設P（「所有話都是假的」是假的）為假，亦即假設「所有話都是假的」（稱這句話為S）為真。現在讓我們想想，S本身是不是也是一句話呢？顯然，答案是肯定的。故此從「所有話都是假的」以及「S是一句話」這兩個前提，我們可對確地推論「S是假的」。但說S是假的，等於說有些話是真的——這正正與原先的假設「所有話都是假的」相矛盾。由於從原來假設以及「S是一句話」這一真陳述可對確地推論出一個自相矛盾句，所以我們可下結論說，S是假的。（未能充分理解這推論過程的讀者，可參考以下的標準式。）

1. 所有話都是假的。
2. S是一句話。

3. S是假的。（從 1、2 導出）

4. 有些話是真的。（從 3 導出）

5. 所有話都是假的並且有些話是真的。（從 1、4 導出）

---

6. 所以，「所有話都是假的」是假的。

例二

圍繞鬼神是否存在的爭論一直不絕於耳。一些人對鬼神深信不疑，另些人則持懷疑態度。雙方爭持不下時總常會出現某位「智者」，饒有深意地以「信則有，不信則無」一言化解爭端。

但這句「智者名言」的意思卻不大清楚。「鬼」所指的是哪種鬼？亡魂？餓鬼？魔鬼撒旦？還是吸血鬼？「神」指的又是何方神聖？聖人之靈？真神阿拉？耶和華？抑或是死神？即便把「鬼神」一詞消歧，亦即約定以其指涉某隻鬼與某位神，也可肯定這句話是假的，因為從這話以及另外兩個真陳述可聯合地導出自相矛盾句：

1. 信則有，不信則無。

2. 有人相信鬼神存在。

3. 有人不相信鬼神存在。

4. 鬼神存在。（從 1、2 導出）

5. 鬼神不存在。（從 1、3 導出）

6. 鬼神存在又不存在（從 4、5 導出）

---

7. 所以，「信則有，不信則無」是假的。

上面以歸謬法證明「信則有，不信則無」這句話的錯謬。但其實不用此法也能看出這話的錯處。試想你問某人冰箱裏是否有啤酒，卻得到這樣的妙答：「你相信有的話就有，不相信有的話就沒有。」你會有何感想呢？

例三

一派稱之為功能主義（functionalism）的哲學觀點認為，心靈並不如某些人所想般神秘。我們之所以能思考、能感知，並非因靈魂這種神秘實體使然，乃是由於大腦中的神經元執行了某種複雜的輸入輸出（input-output）程式所致。[23] 正如同一套程式可在不同的電腦執行，同一套程式也可由非神經元，甚至非有機物質執行。

有哲學家對功能主義提出以下反駁。[24] 設想現在這套心靈程式改由全球數十億人口來執行：每人也被給予一部電話及一套指示，每當接收到某些電話號碼撥入，就須依據指示，撥出特定的電話號碼給其他人。換言之，每人也分別「扮演」一個神經元。根據功能主義，這個由全人類構成的輸入輸出系統當中理應也有心靈。但反對功能主義的哲學家認為，這明顯是荒謬的。[25]

---

23 此處旨在解釋歸謬法，對功能主義的說明只是極為粗鬆的。

24 這個思想實驗（thought experiment）是由美國哲學家Ned Block所提出的。

25 請留意，這裏的意思並不是否認扮演神經元的人有心靈，而是說這個由全球人類所構成的輸入輸出系統並不會產生出新的心靈。

不難看出，這個論證應用了歸謬法。此處要證明的觀點是，功能主義是錯誤的。首先我們假設功能主義是對的，從這一假設推出一個錯誤的陳述：由全球人類構成的輸入輸出系統當中有新心靈產生。由於推論過程無誤而得到一個假的陳述，故此我們可下結論說，功能主義是錯誤的。

本章旨在闡釋歸謬法，無意對上面的論證作深入評價；但須指出的是，有哲學家就爭辯說，這個由全人類所構成的輸入輸出系統確實產生了新心靈。因此，上面反駁功能主義的論證並不非常有力。

本篇練習

(I) 試把以下論證寫成標準式。如有需要，可改寫有關句子。

1. 人性是邪惡的。不然又怎會有兇殺案、強姦案、縱火案這些可怕的罪行？
2. 李小龍、亞歷山大、巴斯卡等偉大天才，未過壯年已歸天了，可見天才大多早亡。
3. 任何滿六歲的小童也要入讀小學，政匡已滿六歲，所以他一定要入讀小學。
4. 最愛的人，不會是伴侶。最愛做的事，不會是職業。所以，最精彩的人生，不會是這一世。(黃子華語)

(II) 判斷以下各段文字或對話是否包含論證。

1. 據中廣網報道，前天中秋節中午，河北省辛集市王口鎮敬老院為老人做午飯慶祝佳節，但飯後不久，敬老院部分老人和職員出現中毒徵狀，已知最少3人死亡，14人中毒，其中5人危殆。(摘自《明報》，2005年9月20日)
2. 《寄生獸》是一部不朽的科幻巨著。
3. 跟性別、種族及膚色一樣，性傾向不可改變，縱使科學家依然在爭論究竟性傾向是先天抑或是後天的，然而，大部分研究指出性傾向踏入成年期之後，不能改變，亦毋須改變；因此，性傾向根本屬於不可變身分，理應受

到平等保障。（摘自《明報》，2005 年 9 月 26 日）

4. 人哭泣、過敏、得了感冒，都會流鼻涕；大冷天等公車，也會流鼻涕。為甚麼呢？因為你周圍的空氣比鼻腔內的空氣溫度低得多，鼻腔使冷空氣溫度上升，凝結成水氣，與黏液混合後，就成了鼻涕，由於重力作用而流出鼻腔。（摘自《讀者文摘》，2004 年 12 月號）
5. 吸煙危害健康已是不爭的事實。無數可靠的科學研究早已顯示，吸煙會引致心臟病、肺積水、肺癌等疾病。任何政府也應立例禁止市民進行損害健康的行為。所以，我認為香港政府應即時實施全港禁煙。
6. 甲：「我認為安樂死應該合法化。」

   乙：「為甚麼？」

   甲：「理由是，今天早上我家的馬桶爆了。」
7. 大文工作表現欠佳，又經常遲到，因此公司很可能不再與他續約。
8. 如果大文工作表現欠佳且經常遲到，那麼公司很可能不再與他續約。
9. 如果一切也是命中注定，那幹麼還要奮發？一切努力也只是徒然。
10. 如果人類的性格和行為全都由基因決定，那麼就沒有人要為其所作所為負責了。

（III）在以下的文字中，哪些最該理解為論證？哪些最該理解為因果解釋？請解釋你的答案。

1. 指模的特殊樣式是由基因與母體子宮內的環境所共同

塑造的，所以即便是由同一個受精卵分裂而成的孿生兒，其指模也有些微差異。

2. 由於哲學系畢業生很難找到好工作，所以向來很少人唸哲學。

3. 我思，故我在。（笛卡兒（René Descartes）語）

（IV）判斷以下論證是否對確。若不對確，試構作一個能顯示其前提全真而結論假的可能情況。

（a）

1. 孔子是個好老師。

---

2. 所以，孔子是個好人和老師。

（b）

1. 所有腿長的女性都很性感。
2. 林小姐很性感。

---

3. 所以，林小姐有一雙長腿。

（c）

1. 不同文化有不同的道德規條。

---

2. 所以，道德並無客觀對錯。

（d）

1. 姚明較朗拿度高。
2. 朗拿度較施丹高。

---

3. 所以，姚明較施丹高。

（e）

1. 小亮喜歡小晶。
2. 小晶喜歡小剛。

---

3. 所以，小亮喜歡小剛。

(f)

1. 從上個禮拜三起，這隻雞一直被困在雞籠內。

2. 這隻雞一直沒離開雞籠。

---

3. 所以，現在籠內只有一隻雞。

(g)

1. 所有貓也懂飛。

2. 所有懂飛的東西都懂鑽地。

---

3. 所以，所有貓都懂鑽地。

(h)

1. 2018 年將會發生第三次世界大戰。

---

2. 所以，2018 年將會發生第三次世界大戰。

(i)

1. 過往太陽每天都從東邊升起。

---

2. 所以明天也不例外。

(j)

1. 如果愛因斯坦是物理學家，那麼愛因斯坦是物理學家。

(k)

1. 有人在XXX中學的女廁裏，看見少女的鬼魂。

---

2. 所以，鬼魂存在。

(l)

1 在XXX中學的女廁裏，有少女的鬼魂出沒。

---

2 所以，鬼魂存在。

(m)

1. 有人在XXX中學的女廁裏，看見疑似少女鬼魂的物體。

---

2. 所以，鬼魂存在。

(V) **試分別以「充分條件」和「必要條件」這兩個概念來界定「對確論證」。**

(VI) **先把以下論證標準化，然後指出它們應用了哪些推論規則，再判斷有哪些論證是對確的。**

1. 我確信人類從來沒有認識到愛的力量，如果我們真的知道甚麼是愛，那麼我們肯定會替愛神建起最莊嚴的廟宇，築起最美麗的祭壇，舉行最隆重的祭儀。而實際上我們直到現在都還沒有這樣做，這就說明我們把愛神完全忽略了。(摘自《柏拉圖全集》,〈會飲篇〉，柏拉圖著，王曉朝譯)
2. 如果只有一位女神叫這個名字，那麼我們也可以假定只有一種愛。然而，事實上有兩位這樣的女神，因此愛也一定有兩種。(摘自《柏拉圖全集》,〈會飲篇〉，柏拉圖著，王曉朝譯)
3. 某年春節巴西國家隊應邀來港參與賀歲盃，某香港隊球員被問及能與世界第一球隊比試有何感想時笑稱：「中國人有一句説話是『無敵是最寂寞』，不過我相信經過明天的比賽，巴西將不再寂寞。」(摘自《明報》，2005 年 9 月 2 日)
4. 如果問題解決得了，何必擔憂。如果問題解決不了，何必擔憂。(摘自寂天菩薩：《入菩薩行論》，如石譯註)
5. 學易真的通了，那裏還用來講易經，我現在還來講易經，可見就是半吊子，還不通。(摘自南懷瑾：《易經雜説》)

6. 要麼上帝存在，要麼上帝不存在。如果上帝存在，那麼天災根本沒可能會發生。如果天災不可能發生，那麼沒有人會痛失家園。如果並不是有人痛失了家園，那麼不會有人悲傷痛哭。事實上有不少人悲傷痛哭。所以，上帝根本不存在。

7. 有四十億人「說」他們相信上帝，但只有很少數人真正相信。如果大家都相信上帝，他們會把生命中的每一分、每一秒，都拿來實踐這個信仰。富人會把財富送給窮人，每個人都會急着決定哪一種宗教才是真的，沒有人可以忍受因為選錯宗教，而害自己不得永生、輪迴為豬狗，或其他無法想像的後果。每個人都會把自己的一生奉獻在宗教上，感召別人也來加入。

   相信上帝是需要百分之百的投入，終其一生都活在這個信仰下。但你所謂的四十億信徒並不是這樣過日子的，只有少數例外。大多數人只相信信仰的用途——也就是實際的好處——卻不相信基本實相。（摘自亞當斯（Scott Adams）：《上帝的異想世界》，高子梅譯）

8. 如果人的伺察意識產生於大腦的運動過程之中，那麼沒有大腦的人就決定不會有伺察意識的產生。因大腦若不存在，大腦的運動又從何而來？若真是這樣的話，則所有無腦者都應成為無有意識活動的人，但事實卻並非如此。從上文所舉事例來看，某些無腦之人依然能夠進行種種意識活動，他們都具有相當的聰明才智。（摘自慈誠羅珠堪布：《輪迴的故事》，索達吉堪布譯）

9. 梁家傑：「有得揀，先至係老闆，香港人要做老闆，就一定要有得揀，但現在只有八百人有得揀，其他七百萬人只是有得睇，無得揀。」
10. 如果法國隊戰勝巴西隊，那麼只要再打敗意大利隊就能贏得世界盃。但事實上法國隊雖戰勝了巴西隊，卻沒贏得世界盃。由此可見，法國隊並沒打敗意大利隊。

(VII) 試以「除非……否則……」改寫以下條件句。

1. 如果你不勤練書法，那麼你不能寫得一手好字。
2. 假若小明感染了沙士，那麼他曾接觸沙士病患的飛沫。
3. 如果你受歡迎，那麼你待人真誠。
4. 若沒與人發生過爭執，就不用擔心遭人尋仇。

(VIII) 試試看你能否建構一些對確的推論規則。

(IX) 試建構一些具有肯定後項形式的對確論證。

(X) 判斷以下語句中的「或」、「要麼……要麼……」等詞屬排斥的還是兼容的。

1. 餐牌中寫道：「晚餐附送熱飲或例湯。」
2. 假若一組語句我們能從中推導出假語句，那麼要麼這組語句包含假語句，要麼推導過程中有誤。
3. 要麼結婚，要麼分手。

(XI) 參考方塊「條件句」和「析取句」的資料，然後分別繪出兼容和相斥析取句的基本真值表。

（XII）**把以下語句改寫成標準形式的條件句。**

1. 除非你奮發向上，否則她是不會愛上你的。
2. 除非你約我去看電影，否則明天整個下午我也會留在家中。
3. 只有當你懂得愛自己時才能學懂愛別人。
4. 只要小張學懂詠春並且修習截拳道，他就能擊敗他的師兄或師姐。

（XIII）**考慮以下論證：**

1. 如果在箱中有A，那麼箱中也會有B。

---

2. 因此，如果箱中有B，那麼箱中也會有D。

現在細心查看下面五個箱（i）-（v）。哪個箱能顯示上面的論證不對確？哪些不能？請解釋你的答案。

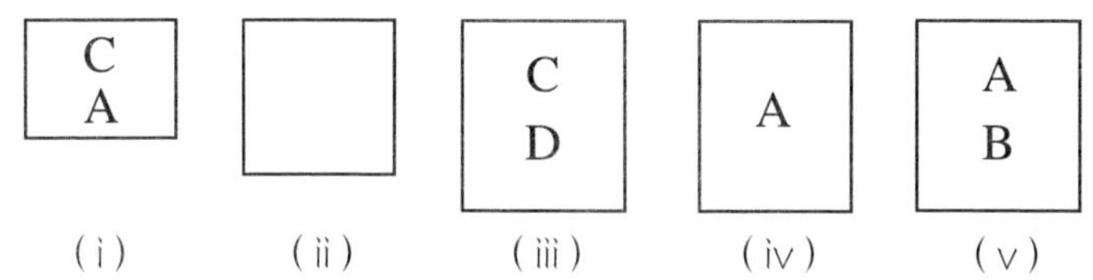

（XIV）**是非題**

1. 具有真前提假結論的論證一定不對確。
2. 不對確的論證一定不真確。
3. 具有真結論的論證必定是對確的。
4. 不真確的論證一定沒有真的前提。

5. 要證明某個論證不真確，我們必須指出它有假的前提。
6. 假若一個論證不對確，那麼它的結論必定是假的。
7. 所有真確的論證都是真的。
8. 所有重言句都是對確的。
9. 如果一個論證前提全真並且結論也真，那麼它一定是對確的。
10. 如果一個對確論證的前提全假，那麼結論必然地亦假。
11. 如果一個論證是真確的，那麼它的結論一定是真的。
12. 具有假前提的論證一定不對確。

(XV) 試以歸謬法證明以下看法是錯誤的：

人在臨死那一瞬間，會以超快的速度，把自己過去的一生重新回顧一遍。

(XVI) 試以歸謬法證明以下陳述。

1. 如果A不是B的充分條件，那麼B必定不是A的必要條件。
2. 如果A不是B的必要條件，那麼B必定不是A的充分條件。

第四篇

論證分析(II)：歸納法

12 蓋確和蓋真

12.1 不對確但蓋確

前面對對確性的探討也許令你以為，不對確的論證一定一無是處。這想法其實是錯誤的。考察以下論證：

例一

1. 老丙年逾九十，患胃潰瘍、嚴重糖尿病和末期肝癌，將於三年內死亡。
2. 小丙年逾九十，患胃潰瘍、嚴重糖尿病和末期肝癌。

---

3. 因此，小丙將於三年內死亡。

顯然，例一並不對確。因為即使前提全真，小丙三年後仍未死去是邏輯上可能的。儘管如此，例一的前提仍然在某程度上支持着結論：在（1）和（2）確實為真的情況下，我們將有極強的理由相信，（3）將很可能（highly probable）亦真。

再看另一論證：

例二

1. 老丙用 10 元購了一張六合彩彩券。

2. 因此，老丙將不會贏得頭獎。

例二同樣不對確。老丙可能運氣很好，只購了一張彩券就贏得頭獎。然而，與上例一樣，這論證也不屬錯誤推論：在前提為真的情況下，結論也很可能也為真。

像例一和例二這樣的論證，叫做「**歸納蓋確論證**」（inductively strong argument）（有時簡稱為「**蓋確論證**」），可這樣來界定：

當一個論證不對確，但在前提全真的情況下，結論很可能亦真，該論證就是蓋確的。

「很可能」用比較精確的話來說就是「概率高」，故以上界說又可寫成：

當一個論證不對確，但在前提全真的情況下，結論亦真的概率高，該論證就是蓋確的。

概率高低有程度可言，蓋確論證以「概率」來界定，自然亦有程度之分。一個論證若要蓋確，其前提對結論的**概然性支持**（probabilistic support）必須超過 0.5，也就是說在前提全真的情況下，結論為真的概率必須較結論為假的高。前提對結論的概然性支持愈高，論證就愈蓋確。比如（在其他的情況完全相同之下）例四就要比例三蓋確。

例三

1. 有 72%的日本人愛看漫畫。

2. 宮崎駿是日本人。

3. 所以，宮崎駿愛看漫畫。

例四

1. 有 98%的日本人愛看漫畫。

2. 宮崎駿是日本人。

3. 所以，宮崎駿愛看漫畫。

12.2 判斷蓋確性

怎樣才能知道某個論證是否蓋確呢？根據上節的界說，沒有對確的論證是蓋確的。故此，首先須知道的是，被提出來的論證對確抑或不對確。若是前者，論證當然就不蓋確。若為後者，接下來要問的是：在論證前提全真的情況下，結論是否很可能亦真？答案若為肯定，論證蓋確；若為否定，論證不蓋確。[26]

在第 9 章時已指出，判斷論證是否對確只需理解字詞和運用想像力（看看是否能想像到一個邏輯可能的情況前提全真而結論假）。判斷論證是否蓋確卻不能只憑空想，還須對

26 這只是最初步的說明。判斷論證是否蓋確時，實際上還須考慮其他因素。詳見第 13-16 各章。

論證的題材有一定的認識，亦即對論證中談到的事物擁有相關的知識。對遺傳生物學缺乏認識的人，是不能準確判斷下例是否蓋確的：

1. 大強和小強是同卵相生的兄弟。

---

2. 所以，他們無論性格還是樣貌也十分相像。

要正確判斷上例是否蓋確，須知道同卵相生的兄弟究竟有何特性。

12.3 蓋真論證

與對確性一樣，蓋確性所關乎的只是前提與結論之間的關連，前提究竟是假是真，有多大可能性發生，是不會影響一個論證的蓋確性的——包含假前提的論證也可以蓋確，例如：

1. 貝剛毅在 2005 年 5 月 7 日吃了一千克的山埃。

---

2. 所以，貝剛毅活不到今天。

前提（1）顯然為假（否則你就看不到這本書了），但這論證仍然是蓋確的。即使在上述日子我沒吃山埃，假若我確實如此做了，在這假想的情況下，毫無疑問，我很可能活不到今天。故此，這論證滿足了「不對確，但在前提全真的情況下，結論很可能亦真」這一條件。

當然，包含假前提的蓋確論證並非好論證。好的論證還必須滿足前提全真這一要求。具這性質的蓋確論證叫做「**蓋**

真論證」（cogent argument）：

蓋真論證 = 蓋確論證 + 前提全真

從上面的界說可推知，沒有不蓋確的論證是蓋真的，而任何論證若包含了假的前提，一定不蓋真。

12.4 對確vs.蓋確

蓋確與對確論證至少有三方面不同。

（一）對確性並無程度等級可言：一個論證要麼完全對確，要麼完全不對確，絕不會介於兩者之間。蓋確論證卻正如較早前指出，有程度等級之分，隨前提對結論的概然性支持而改變。前提對結論的支持若非常接近 1，則論證相當蓋確；前提對結論的支持若只有 0.75，論證就沒那麼蓋確；前提對結論的支持若只是 0.5，論證亦不蓋確，因為前提亦同時支持結論的否定；前提對結論的支持若非常接近 0，則論證相當不蓋確。

從簡化理論的觀點看，我們可把對確性定為蓋確性的極限，亦即把概然性支持等於 1 的論證視為對確。如此一來，概然性支持低於 1 的論證就不對確；低於 1 但超過 0.5 的就蓋確；而等於 0.5 或低於 0.5 者，一概視為不蓋確。

（二）有人可能會問，蓋確論證的前提只對結論提供概然性的支持，那是否代表較對確論證次一等呢？在某意義下確實是的。對確論證可確保我們從真前提導出真結論，蓋確論證卻最多只能保證我們從真前提推出概然性高的結論。

不過，後者這點不完美卻換來另一種「補償」。在一個對確的論證中，結論的內容是不會超出前提的，也就是說結論中的所有內容已包含在前提之中。要明白這點，讓我們重看第 9 章 9.1 的論證（A）：

1. 大明是王老五。

2. 所以，大明未婚。

「王老五」與「未婚的中年男性」同義，論證（A）因此亦可寫成以下的形式：

1. 大明是未婚的中年男性。

2. 所以，大明未婚。

從這形式可清楚看到，結論所表達的的內容（大明未婚）已完全被前提（「大明是未婚的中年男性」）所包含。

基於對確論證的這種特性，即使前提全真，結論也不能提供前提以外的知識。反觀由於蓋確論證的結論的內容超乎其前提（譬如本章例二的結論「老丙將不會贏得頭獎」所表達的內容，就沒完全被前提「老丙用 10 元購了一張六合彩彩券」所包含），故此前提若是真的，我們將能從結論獲取比前提多的真訊息，藉此擴充知識。

（三）對確論證並不會因新增的前提而破壞其對確性；也就是說，如果某個論證是對確的，無論替其添加了甚麼前提，由此而成的新論證仍然是對確的。道理很簡單，在一個對確論證中，結論的訊息已完全被前提所包含，所以只要不把前提拿走，無論增加了甚麼前提，論證不可能變為不對確。

然而，替蓋確論證增加新前提卻可能損害其蓋確性。再拿例二來說，要是我們替其添加了「小西買了 100,000 張六合彩彩券，並全數送了給老丙」這一前提，這個新論證顯然就沒舊的蓋確。

* * *

本章講解了「蓋確性」這一重要概念，並零零碎碎地介紹了一些蓋確論證的例子。往後幾章將對幾種常見的蓋確論證作系統性的探討。

13 枚舉與統計

13.1 枚舉歸納法

設想有人送你一箱蘋果，你很想知道蘋果的品質如何，但又沒時間逐一檢查，這時候，你會怎樣做呢？

大概你會採取以下方法：先從箱中抽出一些蘋果，然後檢查它們的品質。假如發現所抽查的全部都是爽脆的，那就可以認為箱中全部蘋果也有同樣的品質。

上述這種檢查法運用了**枚舉歸納法**（method of enumeration）（以後簡稱**枚舉法**或**枚舉歸納**）。每當我們從某個群體中的個別部分成員——**樣本**（sample）中發現它們全部（或某個百分比）具有某種性質，而推論出該**群體**（population）的所有（或某個百分比）的成員同樣具備該性質，我們便運用了這方法。枚舉法可寫成以下形式：

1. 所有被觀察過的F（樣本）有N%是G。

2. 所以，〔很可能〕在F（群體）之中，有N%是G。

在上例中，所抽查的蘋果是樣本，整箱蘋果是群體，故可寫成以下標準式：

1. 所有被抽查的蘋果都是爽脆的。

2. 所以，〔很可能〕整箱蘋果都是爽脆的。

枚舉法的結論不一定是全稱述句（universal statement）（即「所有F是G」這形式的述句），有時也可能是統計述句（statistical statement），即斷定樣本有多少百分比的F是G這類述句。假若上例中所抽取的蘋果共有十個，而只有八個是爽脆的，由枚舉法所建立的結論就是「箱中有 80%的蘋果都是爽脆的」這一統計述句。

枚舉法有**普遍**（general）和**特殊**（special）兩種形式：剛介紹的從樣本有某種性質而推論群體也有該性質，屬普遍式。特殊式則牽涉**新舊樣本**，譬如若你發現所抽的蘋果（舊樣本）全部都很爽脆，由此推論下一個從箱中抽出的（新樣本）也如此，你就使用了特殊式枚舉法。

科研、統計常使用枚舉法：

例一

小童群益會在今年三至四月，問卷訪問來自十所學校、一千六百名小學生家長，經分析發現當中疑有焦慮症的兒童佔百分之七點二，當中僅有百分之一點六（約二十六名）個案由家長發現，或曾被教師社工懷疑患有焦慮症，該會認為與家長及教師對病症認知不足有關。（摘自〈2.4 萬小學生患焦慮症〉）[27]

27 載於《星島日報》，2009 年 5 月 17 日。

全港約有33萬名小學生。這項研究先從香港小學生這群體的一部分（樣本）作調查，統計出樣本中約有7.2%具「疑患焦慮症」這性質，據此下結論說，整個群體也同樣有7.2%（約2.4萬）具備這種性質（見新聞標題）。

例二

香港性教育、研究及治療專業協會的一項調查發現，有45%受訪中學生認為援交是一種互相利用、各取所需的社交生活，而4.6%中學生更報稱自己可能參與援交，當中近半來自Band 1中學。協會發言人相信，實際參與援交的學生人數定必比調查數字高。（摘自〈45%中學生：援交各取所需　4.6%稱或會援交　近半屬Band 1生〉）[28]

這項調查先訪問了一小部分的中學生（樣本），發現當中有45%表示援交只是互相利用、各取所需，4.6%甚至承認可能參與援交。調查員據此推論樣本所屬的群體（所有中學生）同樣擁有這些性質（見新聞標題）。

不難發現，枚舉法在日常生活中同樣普遍：「你為甚麼這麼肯定太陽會從東方升起？」「這很簡單嘛！過去一直如此，以後也不會例外。」；「今次思方考試有甚麼『貼士』？」

28 載於《明報》，2009年6月28日。

「過往從未試過不考語害剖析，所以記得熟讀這部分。」；「這客戶會不會賴帳？」「應該不會，他信譽極佳，從未試過過期還款。」

枚舉法雖有用，可是卻是有風險的。即使過往觀察過的事例有某種性質，也確保不了未來的事例也一定如此。幾年前，我接到一則可怕的消息，我的一位好友因意外死了。事發經過是這樣的：幾年前他移居外地，住於28樓的某個單位。某天下班後他如常返家，如常乘搭那部安全載客多年的電梯到28樓。他有一個習慣，老是愛在電梯內低頭沉思，每當電梯門打開，他總是低着頭步出。誰知當天該電梯發生故障，門打開時竟卡在27與28樓的梯槽間，他如往常步出電梯，結果由高處墮樓身亡⋯⋯

我那不幸的朋友可能暗中運用了枚舉法。過往他這樣步出電梯，一直安然無事，以後也該是如此。誰知那次剛好是例外。

雖說枚舉法並非萬無一失，卻有辦法減低其風險，箇中關鍵，在於避免以偏概全。

13.2 以偏概全

枚舉法雖不對確（容許前提全真而結論假），卻有蓋確不蓋確之分，其蓋確的程度取決於樣本是否有代表性，即是否能充分反映整個群體。若使用枚舉法時所取的樣本缺乏代表性，便犯了**以偏概全的謬誤**（fallacy of hasty generalization）。

導致樣本不具代表性有三種原因：

(1) 取樣不足

很明顯地，所取樣本的數目若是太少，便不足以拿來建立一個可信度高的全稱或統計的述句。譬如我們只觀察了數隻烏鴉，顯然不足以建立有關烏鴉這個群體的任何結論。相反，若樣本的數目有數萬，甚至數十萬，由此建立的有關烏鴉這個群體的結論就可信得多。以下是取樣不足的另一些例子。

例一

近年廣告盛行「親身體驗」宣傳法，乘坐巴士時肯定你曾被迫看過無數次這類「見證」:

李小姐：「超瘦站瘦身療程確實有效。我參加了一個月，就減了二十多磅！」

王先生：「我常給朋友取笑『地中海』，對外表完全沒有自信。但用過威猛生髮水後，竟然在五周內重現一頭黑髮！」

這些證言的用意很明顯，這些療程和用品既然對他們有效，對其他人也應有效。

我們有理由懷疑，這些人是否真的用過廣告中的產品。但即使真的用過，並且對他們有效，也不能倉促下結論說，產品對一般人也同樣有效。全球人口超過三十億，僅一兩個有效例子顯然不足以推廣至所有人。

例二

父母多勸子女勤唸書，盼他們長大後找份安穩高薪的工作。有些（幸好不多）父母卻唱反調，認為唸書不多，反而能出人頭地。

- 老張懂的字不出五個指頭，現在不也做了老闆。
- 李嘉誠貴為香港首富，有唸過甚麼大專嗎？

碰到這些父母，不妨問問他們：「你見過多少唸書少而成功的人？就只得這幾個嗎？」

例三

毫無疑問，我是有心靈的生物。我會思想，懂反省，也有喜、怒、哀、樂、冷、熱、痛、癢等種種感覺。但我怎麼知道除了自己以外，其他人也和我一樣是有心靈的呢？這個問題叫做「他心問題」（other mind problem），困擾了哲學家好幾個世紀。

有人這樣回答：「當然你無法直接觀察別人有沒有心靈，但你可以別的方法證明他人同樣有心靈。假設你給人狠狠揍了一頓，你會縮起身體、呻吟哭叫，同時亦會感到痛。從你自身的情況，你可以推論其他人也一樣，被揍時會有類似的行為、同樣的感覺。」

這回答似乎十分合理，不少人首次接觸「他心問題」時，都會給予類似的回答。可是仔細一想，便會發覺這論證完全站不住腳。沒錯，被人揍後我確實會感到痛，由此足證我是有心靈的。但這只不過是單一的例子。若由此就下結論說：其他人也和我一樣有心靈，這樣的推論不會比看到一隻白天鵝，就說「所有天鵝都是白色的」更有力。

讀到這裏，你可能會問，樣本究竟要多少才足夠（足以建立一個可信度高的全稱或統計的述句）？答案是，這得視個別情況而定，不能一概而論。有時候，只要幾個例子就已足夠，有時則需收集數千，甚至數萬個例子。本書只對取樣不足的問題作極為扼要的論述，讀者若想深入了解，可參考統計學方面的書。

（2）結構偏差

即使樣本數目足夠，若所取的樣本欠缺多樣性，比如只局限於群體裏的某個區域，依然不具代表性。譬如我們在日本觀察了好幾十萬隻烏鴉，發現全部（或大多數）都是黑色的，如果就此便下結論說，所有（或大部分）烏鴉都是黑色的，那麼仍然是以偏概全，因為樣本只局限於日本這一國家。相反，若被觀察的烏鴉分別來自不同的國家或地區，樣本就比較有代表性。

例一

以下是結構偏差的經典例子：1936 年，《文學摘要》（*Literary Digest*）就美國總統大選進行了一次極大規模的選前投票。該雜誌送出了約一千萬張選票，在收回的二百四十多萬票之中，支持蘭敦的佔了大多數，《文學摘要》因此預測蘭敦將在大選中勝出。然而，結果卻恰恰相反，羅斯福以大比數贏得總統之位。這次選前調查的失敗間接導致《文學摘要》倒閉。後來的調查發現，當年擁有電話或汽車的美國人大多較為富裕，而富裕階層比較傾向支持蘭敦。参加選前投票的人主要是車主和電話用戶，無怪乎預測結果與實際的不符。

例二

老王家燕窩一連五天在中環設置試食專區，在近百名試食者當中，逾七成表示燕窩味道極佳，老王家燕窩於是在報章和電視廣告中宣稱：調查發現，近八成港人喜愛老王家燕窩。

（3）已知失漏

即使取樣充足，亦無結構偏差，但若在進行枚舉歸納時，有意或無意地遺漏了不利於結論的證據，樣本還是不夠代表性。

例一

就是否應全港禁煙這問題，某反吸煙團體作了一次調查，在全港不同地區訪問了近八千名不同階層、性別、學歷及年齡的香港市民。調查結果顯示，受訪者中只有一成人支持全港禁煙。由於結果令團員大失所望，亦不利於反吸煙的宣傳，最後所有團員決定銷毀所有不支持全港禁煙的問卷，並對外宣佈，調查發現，全港市民一致贊成全港禁煙。

*　　*　　*

講解過以偏概全的三種形態後，現在我們可以替良好的枚舉歸納訂下一個判準了。如果一個枚舉歸納沒有（1）取樣不足、（2）結構偏差或（3）已知失漏，簡言之，就是沒有犯以偏概全的謬誤，該枚舉歸納就是極蓋確的；而如果前提全真，該枚舉歸納就是蓋真的。[29]

13.3 統計三段論

普遍形式的枚舉法從樣本中建立出一個有關整個群體成員的結論。這結論也可用來充當另一個論證的前提。比如我們可把由枚舉法所建立的結論「在箱中有75%的蘋果是爽脆的」與「a是箱中的蘋果」這一述句聯合起來，而推論出「a是爽脆的」這一結論。像這樣的論證因涉及統計述句，且共有三個述句，所以被命名為「**統計三段論**」(statistical syllogism)。

統計三段論的形式可如下表示：

1. N%的F是G。
2. a是F。

---

3. 所以，a 是 G。

N <100

---

29 請注意，(1)-(3) 並不互相排斥，同一個枚舉歸納可能不僅取樣不足，還同時有結構偏差或已知失漏的弊病。

在上例中，N指涉 75 這數值，F和G則分別指涉蘋果和爽脆的東西這兩個類別，a指涉在群體F中未經觀察的成員。

統計三段論中N的值必須少於 100。理由很簡單，若N的值是 100，整個論證就會變成對確的論證了。

有時候，N是可以數目來表示的（如上例），但在許多時候，卻難以表示得如此精確，此時我們會使用「大多數」、「大部分」、「有很高百分比」、「幾乎所有」這些字詞來陳述統計三段論，例如：

1. 大多數的人都愛錢。
2. 小扁是人。

---

3. 所以小扁愛錢。

日常生活、科研調查中不乏應用統計三段論的例子：

- 「我很擔心女兒考不上大學。」「放心！她班主任告訴我，女兒就讀的中學有近九成能順利升上大學，女兒應該也很有機會。」
- 「我很擔心會患眼癌。」「別杞人憂天。大多數人都不會患這病，你患眼癌的機會極微。」

2008 年 5 月汶川發生了一場慘絕人寰的大地震，死傷人數數以萬計。事後有專家表示，地震並非完全無先兆。

曾經準確預測 1976 年唐山大地震的中國地震局研究員耿慶國教授，在汶川大地震發生後接受《明報》記者專訪，解釋了內地學者相信大地震可以預測的理據，這種預測分為中期預測和臨震預測。所謂中期預測，主要是透過統計某個地區的地震歷史數據和分析箇中規律，來作出時間跨度一至數年的預測。耿教授發明和使用的是旱震關係理論，他分析了過去 2,200 年中國的大地震和大乾旱紀錄，發現有 97%的大地震於震前一年至三年半出現大旱。汶川一帶從 2005 年至 2007 年接連三年大旱，2008 年發生大地震符合歷史規律。[30]

「汶川於 2008 年發生大地震」這一預測可重構成三個相互聯繫的論證。首先，耿教授在所觀察的樣本中（某些中國土地）發現，有 97%具有「若在一至三年半前出現大旱，則會發生大地震」這一性質，由此他推論，群體中（中國所有的土地）同樣擁有這一性質。這步推論運用了（普遍式）枚舉法，其標準式可寫成：

(A)

1a. 在過往觀察過的中國土地中，有 97%具有以下特性：若在一至三年半前出現大旱，則會發生大地震。

2a. 所以，在所有中國土地中，有 97%具有以下特性：若在一至三年半前出現大旱，則會發生大地震。

接下來，耿教授以枚舉法所建立的結論為前提（見論證（B）的前提（1b）），與「汶川是中國土地」共同推導出

30 摘自〈汶川大地震是否不可預測？〉，載於《明報》，2008 年 6 月 1 日。

「汶川若在一至三年半前出現大旱，則會發生大地震」這一陳述。顯然，這是應用了統計三段論：

（B）

1b. 在所有中國土地中，有 97%具有以下特性：若在一至三年半前出現大旱，則會發生大地震。

2b. 汶川是中國土地。

3b. 所以，汶川若在一至三年半前出現大旱，則會發生大地震。

最後，（3b）與「汶川曾在 2008 年的一至三年半前出現大旱」聯合起來，就可推出「汶川在 2008 年發生大地震」這一結論。

13.4 評價統計三段論

很明顯，在其他的情況完全相同下，N的值愈高，論證愈蓋確。就拿早前「抽蘋果」的例子來說，N的值若非常接近 100，那自然比N=75 的更蓋確。

N的值只是決定統計三段論蓋確度的其中一個重要因素，而非唯一的因素。試看下例：

1. 95%的港大教員都是男性。
2. 郭小玲是港大教員。

---

3. 所以，郭小玲是男性。

這論證中的N的值非常接近 100，因此初看起來似乎非常蓋確。然而仔細考慮後，會發現其實不然。雖然我們沒有精確的統計數字，但憑常識也能知道，在中國人的社會裏，叫「郭小玲」的人絕大多數不是男性，所以即使論證中N的值極高，前提也沒有對結論提供高概然性的支持。換言之，論證的蓋確度，被「很少叫『郭小玲』的人是男性」這一事實大大地削弱了。

從上述例子可見，判斷統計三段論是否蓋確，有多蓋確，還須考慮是否有減低其結論可能性的事實。假若一個統計三段論中的N的值極高，且沒有其他事實削弱其結論為真的概率，該統計三段論就是極蓋確的；而假若其前提全真，那麼我們就有很強的理由相信，結論為真的概率極高。

14 以權威代勞

14.1 訴諸權威

打開書本報刊，不難找到像下面這樣的言論：

（一）任何物件的速度也不能超越光速。因為早在20世紀初，愛因斯坦已對此提出了強而有力的證明。

（二）一九九一年，享有盛譽的科學期刊《科學》（*Science*）發表了一篇論文，一群死於愛滋病的同性戀者的大腦經過解剖後，發現他們的大腦結構異於常人，在下視丘引發典型男性性狀行為的神經核比一般人小很多。這篇論文的作者是美國加州聖地牙哥沙克研究所和加州大學生物系副教授拉維（Simon LeVay）。拉維後來又發現，同性戀者的胼胝體也比較大。三年後，美國國家衛生研究院的分子生物學家哈默（Dean Hamer）發現，母系方面有一個基因會影響性傾向。綜合上述證據，同性戀是有生物上原因的。[31]

---

31 摘自麗塔．卡特（Rita Carter）：《大腦的秘密檔案》（*Mapping the Mind*），洪蘭譯，台北：遠流出版社，2002年2月，頁111。（文字曾略作改動）

上面的言論全都包含論證，且這些論證全都有一共通點，就是以某領域裏的權威言論為前提，讓我們稱它們為「**訴諸權威論證**」（argument from authority）。

有人認為，要成為獨立思考的人，就得完全摒棄權威之見。[32] 因此，像（一）、（二）這樣的論證均不能被接受。稍加思考，就能看出這想法實在幼稚。棄絕權威之見，那就意味必須把自己訓練成各方面的權威，但這根本是不可能的。生有涯，學海卻無涯；試問，有誰能把所有知識學透？

不過，也不是在任何情況下，訴諸權威都是恰當的。在下一節，我們將看到一些誤訴權威的典型例子。在此之前，讓我們先陳構好訴諸權威論證的基本形式：

1. X是P所屬領域的權威。
2. X斷言P。

---

3. 因此P。

上式中的X可代入任何人、書本、文章的名字，P可用任何述句取代。例如把「愛因斯坦」和「任何物件的速度也不能

---

32 在日常語言中，「權威」一詞總給人高高在上、不容冒犯之感。此處「權威」卻不含此意，而僅指在某領域裏學有專精，因而就該領域所作的言論大多為真的人（或群體）。此外，在本書中，「權威」與「專家」兩詞將交替使用。

超越光速」分別代入X和P中，便得到以下論證：

1. 愛因斯坦是物理學的權威。（「任何物件的速度也不能超越光速」這一陳述屬物理學的領域。）
2. 愛因斯坦斷言「任何物件的速度也不能超越光速」。

---

3. 因此，任何物件的速度也不能超越光速。

14.2 如何評價訴諸權威論證？

任何好的訴諸權威論證都必須滿足以下七大條件。

(I) 權威真的曾如是說

很明顯，論證前提提到的X必須確實說過P。要是X根本沒如此說，我們當然就不應接受該論證。譬如若有人認為鑽入物理學家所講的蟲洞（wormhole）真的能抓到蟲，給出的理由卻是霍金（Stephen Hawking）如此說過，我們便該拒絕其論證。

(II) X是P所屬領域的權威

我們須肯定X是P所屬領域的權威。倘若這一條件得不到滿足，那即使X確實說過P，也不能因此而接受其言論。

在通常的情況下，我們甚少會誤認外行為權威。但假若X是知名人士，又或是某方面的專家，就很易使我們誤以為那人在其不熟悉、甚至根本一無所知的領域裏，也是權威人士。

例一

「連WL這樣紅的歌星也說『瘦身站』的瘦身療程有效，怎會有錯？」

WL只是紅歌星而已，不是評價瘦身療程方面的專家。事實上無論在任何領域（包括唱歌方面），她都稱不上專家。因此，即使她確曾如此說，也不能因此接受其言論。

例二

甲：「近來你怎麼狂吃靈芝？」

乙：「你不知道嗎？靈芝可養生，多吃有益。陶才子在廣告中是這樣說的。」

陶才子在散文寫作方面也許是專家，但在醫藥方面只是個門外漢。因此，即使他說靈芝對身體有益，也不能就此認為靈芝真有此功效。

讀到這裏，你可能會問，要是名人專家的話建基於其親身的體驗，是否就可相信呢？答案仍然是「不」。假設WL接受過「瘦身站」的療程後發覺的確有效，向外宣稱「瘦身站的療程（對所有人也）有效」，這等於提出了一個以這陳述為結論的枚舉歸納。讀者應還記得，好的枚舉歸納所取樣本的數目不能太少。WL的論證只得她自己一個樣本，怎麼說也不足夠。

（III）P所屬的領域確實有權威

若就與P相關的領域並無權威可言，那麼即使X是某方面的專家並斷言P，也不能就此相信P。

不少領域裏根本就沒權威。最明顯的例子可說是「識飲識食」這一領域。要是你聽到某位「飲食權威」說：「把鮑魚粒混入鵝肝醬攪拌至起泡後，再倒入磨成了粉的法國蝸牛殼來清蒸，天下第一極品也！」可別由此推論這道菜真的會很滋味。口味這回事本來就主觀得很，食家的至寶，有人可能一嘗就想吐。

品評美食涉及個人口味，沒權威並不為奇。較難看出的是，宗教上的許多主張，也難談得上有任何權威。

例一

你怎能不相信有上帝呢？像牛頓和愛因斯坦這樣偉大的科學家，也因驚嘆於宇宙的井然有序，而不得不承認上帝存在。

類似以上的言論可見於一些宗教宣傳小冊子，其目的很清楚，既然連這兩位被譽為有史以來最偉大的物理學家都認為上帝存在，上帝顯然是存在的。

但問題是，就上帝存在與否這一問題上根本就沒有任何權威。就是否有雌雄連體嬰這問題上，我們可問醫學專家；就是否有比夸克更小的基本粒子存在這問題上，我們可請教微觀物理學家；但上帝是否存在，我們可問誰呢？

有人可能會反對說，神父、牧師等神職人員不就是這方面的專家嗎？就這回應有兩點須指出。首先，權威之所以為權威，可不是由於他們自稱或人家說他是權威，而是由於他們在相關的領域中所作的言論大多為真。在這意義下，似乎沒任何神職人員可稱為上帝存在與否這一方面的權威。此外，我們之所以信賴權威，主要因其判斷是基於客觀證據而來的。比如當愛因斯坦聲稱「空間是彎曲的」時，其言論是有客觀證據支持的，任何合資格的物理學家也能核證這些證據。反觀神職人員對上帝存在的信念只是建基於信仰之上，並無任何良好的理據支持。

留意上面論證亦同時違反了條件（I）。論證的前提（2）是假的。一些文獻確有記載，牛頓驚嘆於宇宙的井然有序，曾試圖以設計論證證明宇宙萬物皆為（基督教的）上帝所造，且他確實是基督徒（但是否算得上是正統教徒就有待商榷了）。但愛因斯坦可不是教徒啊！沒錯，他曾在不少場合承認信仰上帝，不過他所信仰的卻是哲學家斯賓諾莎（B. Spinoza）所描述的神——自然（Nature），與基督教人格化的神可相差甚遠。

至此，我們的討論全集中在前提真假的問題上，評價訴諸權威論證還須考慮其蓋確度。

（IV）X的言論建基於客觀的證據

就算X曾斷言P，且X屬與P相關的權威，也不能就此接受P。歷史證明，權威偶然會在其專精的領域做出不負責任的陳述。有物理學家曾由於偏好某個理論，還未對理論握有甚麼有力的證據，就對外聲稱理論得到證實了；亦曾有數學家因過分相信自己的數學直覺，未經證明，就宣稱某道數學命題是真的。在這些情況下，權威的言論是不能接受的。因此，接受權威的言論前，我們還須確定其是建基於客觀有力的理據之上。

（V）X是級數高的權威

受過基本醫學訓練的醫生算得上是醫學方面的權威。進一步深造過醫學某一領域的專科醫師是比前者級數更高的權威。在專科上有出色貢獻的醫學教授是再高級數的權威。換言之，權威之中也有不同級數之分。一般而言，權威的等級愈高，訴諸其言論的論證就愈蓋確。

（VI）同級數的權威同意P

舉凡任何學科，都有為數甚多懸而未決、相關專家們正激烈爭辯的課題。若只聽取某專家之言，而忽略了其他（同級數的）專家可能正持相反意見這一事實，就很易獲得錯誤的結論。故此，接納某權威的言論前，須確保所有（或至少大多數）同級數的權威都已同意該言論。若就某一課題（例如「該如何詮釋量子力學？」），專家們仍未能達成共識，我們就須承認，該課題上學者間仍有爭論，而不應偏袒任何一方的意見。

(VII) P屬嚴謹可靠的學科

純數學和邏輯學是最嚴謹可靠的學科。自然科學如物理、化學、生物、工程是相當嚴謹可靠的學科。相對而言，經濟、人類學、文化研究這些屬社會科學或文科的領域就沒那樣可靠了。學科的可靠性會影響訴諸權威論證的蓋確度。大致而言，在其他情況都相同下，P所屬的學科愈是可靠，訴諸該學科權威的論證就愈有力。

條件（I）-（VII）於評價訴諸權威論證的問題上比重不盡相同。大致上，一個訴諸權威論證若符合了所有這些條件，就是好論證，其結論就很可能為真。

15 類比論證[33]

15.1 類比論證

甲和乙兩人在電影院外考慮看哪部電影。甲提議某部港產喜劇，卻遭乙大力反對：「幾個月前我看過這導演的另一部喜劇作品。整部電影不單無處令人發笑，內容更粗俗無聊之極，簡直侮辱觀眾的智慧。我看還是選另一部吧。」

乙勸甲不要觀看那部港產喜劇所用的技巧正是**類比論證**（argument from analogy/analogical argument）。類比論證的基本原理是：事物在某些方面相似也應在另些方面相似。在上例中，乙指出甲提議看的電影與早前他看過的另一部電影有兩個相似點：由同一導演執導，同屬喜劇，再由此推論前者將如後者般差勁。

類比論證被廣泛應用在不同的領域。以下為一些典型例子：

（1）在測試新藥物成效的最初階段，藥物研製人員通常

33 本章由筆者替《思方網》撰寫的文章〈類比論證〉（http://philosophy.hku.hk/think/chi/analogy.php）修改及擴充而成。

都不以人作受試對象，而多以猴子或白老鼠這些與人類生理結構相似的動物作測試，觀察藥物對這些動物是否有效。若情況理想，製藥人員便會推論藥物在人類身上也會起類似作用。這推論背後所依據的正是類比的推論模式：類似的生理結構應對類似的藥物起類似的反應。

（2）一些傳教士可能曾嘗試以設計論證（argument from design）說服你相信上帝存在：[34]

朋友，你怎能不相信有上帝呢？我的手錶能準確告訴我現在是何時何分。為甚麼呢？這是因為它內裏的各個零件巧妙地相互合作。由這手錶的精巧設計，我們可得知它有一個設計者——一個靈巧的鐘錶匠。現在你看看我們身處的這個宇宙。宇宙所呈現的設計不是比手錶精巧得多麼？星宿運行不息，四季井然交替。即使撇開這些不談而只看人體。人體的精妙構造也會使當今最優秀的工程師感望塵莫及。這些令人嘆為觀止的設計不正證明宇宙有一創造者嗎？

不難發現，傳教士的論證也是類比論證。比較鐘錶與宇宙而找出兩者的相似點：各有複雜的構造，由此再推論後者也如前者般有一優秀的創造者。

34 設計論證有多個不同的版本，本章中的例子只是其中一個簡化了的版本。

（3）在法律上，類比論證也扮演着重要的角色。在法庭中，總聽見律師用以下的言辭指控或替被告辯護：「在以往類似這案件的各先例中，也對相關被告作如此如此的判決，因此這案件的判決也應與先例相同。」律師此處使用的也是類比論證。既然當下被審的案件與先例相似，法官也應在這案件上達成與先例相同的裁決。

類比論證雖常被使用，其結構和評價準則卻甚少被清楚陳明。在下一節中，我們將「解構」類比論證，以及講解評價這種論證的主要原則。

15.2 如何評價類比論證？

類比論證的基本形式如下：

1. 事物PS有性質S1、S2⋯⋯Sn。
2. 事物A有性質S1、S2⋯⋯Sn。
3. 事物A有性質TP。

---

4. 所以，事物PS有性質TP。

事物PS（結論中的主詞）叫做「**主要項**」（primary subject）。拿來與主要項比較的事物（事物A）叫做「**類比項**」（analogue）。主要項與類比項兩者共有的性質（性質S1、S2⋯⋯Sn）叫做「**相似點**」（similarities）。在結論中提及的性質（性質TP）叫做「**目標性質**」（target property）。

把論證改寫成類比論證的標準式前，我們得先找出論證的主要項、類比項、相似點和目標性質（稱它們為「**類比論證的構成元素**」）。例如本章開始時的例子的構成元素就是：

PS：甲提議看的電影

A：乙看過的某部電影

S_1、S_2：是港產喜劇，由導演a執導

TP：拍得很差

有時我們可「感到」某個類比論證不妥，但要指出其問題所在，卻不太容易。清楚辨認這四個構成元素，有助我們看出論證的不妥處。下節我們將看到，這一步驟絕非機械程序，要完成此步驟往往得花上不少心思。

把構成元素代入上述的基本形式後，便得到以下的標準式：

1. 甲提議看的電影是港產喜劇，且由導演a執導。
2. 乙看過的某部電影是港產喜劇，且由導演a執導。
3. 乙看過的某部電影拍得很差。

---

4. 所以，甲提議看的電影〔很可能〕拍得很差。

判斷類比論證的優劣，必須考慮下述的四個因素。

(1) 前提的真假

沒有好論證有假前提，因此評價類比論證的首要工作是檢查比較的兩個事物是否真如所宣稱的相似（前提（1）和（2）是否都為真），以及類比項是否真的具有目標性質（前提（3）

是否為真）。如果前提根本不是真的，那論證當然不能被接受。譬如若發現上例中甲提議看的電影根本就不是導演a的作品，又或乙過往看過的那部電影其實拍得很好，乙的論證就不該被接受。

（II）相干性和相似點的數目

相干性（relevance）可分為三大類。設P和Q為任何兩種性質，如果P成立將增加Q成立的概率，P和Q就是**正相干的**（positively relevant）。比如「吸煙」與「患肺癌」就是正相干的，因為許多研究已顯示，吸煙會增加患肺癌的概率。相反，如果P成立會降低Q成立的概率，P和Q就是**負相干的**（negatively relevant）。譬如「做適量運動」就和「患病」負相干。如果P成立既不增加亦不降低Q成立的概率，P與Q就**不相干**（irrelevant）。兩種性質不相干的例子俯拾皆是，「吃花生」和「拿諾貝爾獎」、「愛跳舞」和「成為殺人犯」、「砌模型」和「患盲腸炎」等等都是例子。

類比論證蓋確與否，有多蓋確，主要取決於前提提到的相似點和目標性質是否正相干，以及相干至甚麼程度。一般而言，相似點和目標性質愈是正相干，或與目標性質正相干的相似點愈多，論證就愈蓋確。比較下面三個論證：

（A）小明和大明都有英文名字和手提電腦。小明進了港大醫學系。所以大明也將進港大醫學系。

（B）小明和大明同為理科生，同樣高考成績優異，且都有志學醫。小明進了港大醫學系。所以大明也將進港大醫學系。

（C）小明和大明同為理科生，同樣高考成績優異，且都有志學醫，以及遞交了港大醫學系的申請表。小明進了港大醫學系。所以，大明也將進港大醫學系。

（A）-（C）都以「大明將進港大醫學系」為結論，可是各自的蓋確度都不同。我們知道，「擁有手提電腦」和「擁有英文名字」等性質與「進醫學系」並不相干，所以（A）的前提對其結論提供不了任何支持。相較於（A），（B）的前提對其結論的概然性支持則較高，因為「同唸理科」、「成績優異」等都是與「進醫學系」正相干的性質。（C）在三者中屬最蓋確的論證，因不僅前提提到的相似點與目標性質全都正相干，且數目較（B）的更多。

（III）相似點的差異

相似點類別的差異也會影響類比論證的蓋確度。設想你剛僱用了一位新的家務助理b，b與你那位表現極佳的舊家務助理a一樣，都有前僱主的推薦信。這無疑增加了你對b表現良好的信心。假設你致電b的前僱主查問b以往的表現，得到的答覆就如過去查問a的前僱主一樣，全都是正面的評價，你對b表現良好的信心顯然得到進一步的提升。不過，由於這後一個論證所增添的相似點與之前的屬同一類別——都是來自前僱主的證言，並不會對「b表現良好」這一結論的可信性有太大的提升。但要是你從其他方面得知a和b都曾榮獲服務優異獎，那（一般而言）這一不同類別的相似點將更能提升結論為真的可能性。

（IV）負相干的不相似點

相似並非等同。這意味任何主要項與類比項總有差別之處。而這些不同處也許會削弱類比論證的蓋確度。火星與地球均有水、空氣及泥土等有利生物生存的因素雖在某程度上支持「火星上有生物」這一結論，但若我們考慮火星與地球在某些方面存在着與目標性質負相干的差異（例如，火星上氧氣稀薄、氣壓低及氣候不穩定等），那論證的蓋確度自然會隨之下降。又例如在第一節的例子中，若我們被告知，兩部電影雖由同一導演執導且片種一樣，演員卻完全不同：乙看過的全由業餘演員擔演，甲提議看的全是一流的喜劇演員，那原來論證的蓋確度同樣會被削弱。

下節將以一些具體論證例釋上述概念。

15.3 個例分析

例一

一旦得知末期癌症病人能被治好的機會極微，我們便該立刻把他們丟棄。設想你家的洗衣機忽然壞了，多個維修人員看過後都表示很難修好，你仍會把它留在家中嗎？

評價類比論證的第一步，是找出其構成元素。完成這步最有效的方法是先找出論證的結論，因為只要找到了結論，主要項和目標性質也隨之找到（你應記得，它們分別為結論的主詞和謂詞所指涉的事物），其餘的兩個元素（相似點和類比項）也能輕易辨識。

上例雖沒有明說，但從文意判斷，不難看出其主要結論是「末期癌症病人應該被丟棄」這一主張，因此論證的構成元素分別為：

PS：末期癌症病人

A：壞了的洗衣機

S_1：很難被救回

TP：應該被丟棄

把這四個元素代入類比論證的基本形式的相應位置，就可得到以下論證：

1. 末期癌症病人很難被救回。
2. 壞了的洗衣機很難被救回。
3. 壞了的洗衣機應該被丟棄。

---

4. 所以，末期癌症病人應該被丟棄。

講解如何評價例一前，須先提醒讀者注意兩件事。

（1）**相似點和目標性質是性質而不是事件**，因此表示它們的詞項該是形容詞或動詞。所以若發現就表示這兩個要素所列出的是「壞了的洗衣機很難被救回」或「末期癌症病人應該被丟棄」這些述句，那可肯定是有地方弄錯了。

（2）任何類比論證都具這一模式：指出兩件事物在某（些）方面相似，從而推論該兩件事物在另一方面也相似。因此，**相似點和目標性質必須是適用於主要項和類比項的性**

質。譬如在上例中，我們就以「很難被救回」這一謂詞表示相似的地方，而不用「能被治好的機會極微」或「很難修理好」這些只能應用在主要項或類比項的詞項。

例一是好的論證嗎？前提可被合理地認為是真的：末期癌症病人和壞了的洗衣機確實難以被救回，而洗衣機壞了確實該被丟掉。但這些前提並不足以支持結論。首先，相似點和目標性質雖正相干，但其相干的程度似乎還不足以支持結論。此外，細心比較主要項和類比項後，會發現兩者存在不少會削減論證蓋確度的差異：癌症病人是有感覺有感情的生物，洗衣機卻無感覺沒感情；癌症病人有愛他們的親人和朋友，洗衣機卻沒有。這等差異都會削減論證的蓋確性。

例二

成人學英語時通常把心力花在鑽研文法和熟記詞彙上，殊不知這樣做根本是徒勞無功的。回想一下孩童時我們是怎樣學母語的。我們有考究過文法規則嗎？沒有！我們有刻意牢記字詞的意思嗎？也沒有！我們曾做過的只是模仿身邊人的口音、談話語氣以及遣詞造句的方式。但令人驚訝的是，這種不求甚解的學習方法，竟能令我們在短短幾年間掌握了母語。因此，我誠意向任何想學好英語的成人提出以下建議：丟棄你的文法及詞彙書，向正牙牙學語的孩童學習。

上例看似複雜，但其要義其實很簡單。孩童和成人在某些地方相似，既然不習文法、不記詞彙、僅以純模仿的方式就能令孩童在短短數年間學曉一種語言，相同的學習方式在成人身上也應奏效。

但這相似點是甚麼呢？上例對此沒明確交代。無疑幼童和成人有無數的相似點：都是人、都要吃東西、都有父母，等等等等，但這些與結論中的目標性質都不相干。最合理的相似點似乎是，兩者都有相同的語言學習機能。

找到相似點後，就不難寫出這論證的構成元素和標準式：

PS：成人

A：孩童

S_1：有語言學習機能M

TP：僅以純模仿的方式就能在短時間學曉一種語言

1. 成人有語言學習機能M。
2. 孩童有語言學習機能M。
3. 孩童僅以純模仿的方式就能在短時間學曉一種語言。

---

4. 所以，成人僅以純模仿的方式就能在短時間學曉一種語言。

不少研究指出，至青春期為止的這一時期為學習語言的「機會之窗」。在這段期間，只需把兒童置於某種語言環境，不需對他們刻意教導，過不了多久他們就能說一口流利的當地語言。兒童對語言的這種特異才能令不少語言學家及心理學家認為：「語言的學習是我們大腦中預先設定的一個特別控制。語言是孩子自然發展的一項技能，沒有刻意的教導、不是因特意的學習而得來的。」[35] 按此觀點，與其說孩子是通過後天學習來掌握母語，倒不如說他們天生就具此技能。

但很可惜，這個「機會之窗」可不是長開的。青春期過後語言學習機能就會衰退。就如經驗告訴我們，成人要學好一種新語言，會艱苦得多；不學文法、不記詞彙近乎不可能。簡言之，例二的問題在於前提（1）是假的，或至少是受不少學者所質疑的。

不少類比論證也和上例一樣，沒清楚說出所比較的事物究竟在哪方面相似。碰到這種情況，我們應考慮文意和運用常識來猜出一個最合理的、與目標性質正相干的相似點。

例三

世上哪有懷才不遇這回事。人才就如錐之在囊。任何人若真有才能，總會如銳錐般破囊而出，而不會白白被埋沒。

是不是很難把上例寫成標準式？許多時候，這種情況意味當前的類比論證是一個壞論證。

例三旨在證明「沒有懷才不遇這回事」。依文意看，可

---

35 見哈洛德．克羅文（Harold Klawans）：《大腦變奏曲——神經演化故事 13 章》（*Defending The Cavewoman: And Other Tales Of Evolutionary Neurology*），台北：究竟出版社，2001 年。

改寫成「人才會被人發現」這一陳述。主要項和目標性質因此分別是「人才」和「會被人發現」。人才拿來與鋭錐比較，故類比項是「鋭錐」。和上例一樣，這例也沒清楚説出所比較的事物究竟在哪方面相似，一個合理的猜測是都「有突出之處」。因此例三的標準式是：

1. 人才有突出之處。
2. 鋭錐有突出之處。
3. 鋭錐會被人發現。
———————————
4. 所以，人才會被人發現。

這論證的問題在於其相似點。「有突出之處」一詞有兩種不同解釋，可解作（i）有尖鋭的地方或（ii）有過人的才能。若採取第一個解釋，前提（2）雖真，前提（1）卻假；人才身上不總是有尖鋭的地方。若採取第二個解釋，前提（1）真但前提（2）假；鋭錐不是有智慧的生物，不能有過人的才能。唯一能令前提（1）和（2）都真的方法是在前提（1）中採第二個解釋，在前提（2）中採第一個解釋。但如此一來，就如之前兩種做法一樣，人才和鋭錐並不如所設想的相似（兩件事物若真的相似，必須共同擁有同一種性質）。簡言之，無法令這論證的前提全真，因此這論證屬壞論證。[36]

---

36 這論證亦可視為歧義謬誤的例子。可參考第 19 章，19.3 節。

15.4 類比的其他功用

類比的功用並不只限於論證。有時為求讓人了解某概念或對某概念加深印象，我們會以正待解釋的概念與另一（通常是較易掌握的）概念作類比。類比的這種功用叫做「**類比解釋**」（analogical explanation）。以下就為一例：

> 我們可將基因組想像成為一本書。其中的二十三章，各稱為染色體。每一章都包含好幾千個故事，稱為基因……。這本書有十億個文字……差不多與八百本聖經一樣厚。[37]

對不少人而言，「基因組」這概念並不易掌握。作者嘗試把這抽象的概念與我們熟悉的日常事物——書本——作類比，從而令讀者較易理解前者的性質。很明顯的，作者無意建立任何有關基因組或書本的結論。

富想像力的類比有時還可激發創意。據說，物理學家盧塞福（E. Rutherford）著名的原子假設：電子環繞原子核旋轉，就是由比較原子系統與太陽系的相似性而來的。

---

37 摘自馬特・瑞德利（M. Ridley）著，蔡承志、許優優譯：《23 對染色體：解讀創生奧秘的生命之書》（*Genome: the authbiography of a Species in 23 chapters*），台北：商周出版，2000 年，頁 4。

16 滑坡與上坡

16.1 滑坡論證

假若我把桌上的電腦拋出窗外，那很可能會擊中某人。如果擊中了某人，那麼那人很可能會受重傷甚或死亡（我家在 31 樓）。若如此，那我的下半生很可能會在獄中度過。我極不願意餘生與鐵窗為伴。故此，最初我就不該把電腦拋出窗外。

具上面這種推論模式的論證叫做「**滑坡論證**」（slippery slope argument）。一事發生往往會引致另一事件發生，而被引發的事件又會引致另些事件；這些新引發的事件又會進一步導致其他事件；如此這般地造成像推骨牌般的連鎖效應。滑坡論證的前提首先宣稱允許某事件發生將引發一連串的後果，再宣稱這些後果是令人不悅的。故為了避免這些壞後果，我們就不該讓最初的事件發生。

滑坡論證的標準形式可表述如下：

1. 如果容許 A^0 發生，C^1 將發生。
2. 如果C^1 發生，那麼C^2 將發生。
3. 如果C^2 發生，那麼C^3 將發生。
4. C^3 是（或C^1 和C^2 同時也是）壞後果。

---

5. 因此，不應容許A^0 發生。

例如剛才的例子就可寫成如下標準式：

1. 如果我把桌上的電腦拋出窗外，那麼有人會被擊中。
2. 如果有人被擊中，那麼那人會受重傷甚或死亡。
3. 如果那人受重傷甚或死亡，那麼我要坐牢。
4. 坐牢是壞後果。

---

5. 因此，我不應把桌上的電腦拋出窗外。

對方格內的標準式有一點須補充。即使起始事件引致的壞後果只得一個，我們也將之規約為滑坡論證。[38] 因此下例也可視為滑坡論證：

如果你不做運動，身體自然不會好，你也不想搞壞身體吧？那麼趕快勤做運動吧。

---

38 有學者嚴格區分滑坡論證和後果論證（argument from consequences）（見「參考書目及網頁」（23））。就實效的目的而言，這並非必須，故本書不採取此做法。

有人認為，凡滑坡論證均屬謬誤。這想法其實是錯誤的。滑坡論證有好有壞，判斷其好壞主要考慮以下三個問題：

（I）起始事件（直接或間接）所引發的後果是否真的是壞後果？

（II）所宣稱的連串因果引發事件發生的可能性有多大？

（III）起始事件是否會引發更多好後果？

大致上，如果（1）就問題（I）的答案是肯定的，（2）所宣稱的因果引發事件發生的可能性相當大，且（3）對問題（III）的答案是否定的，所提出的滑坡論證就是良好的；若非如此，論證就是不佳的。下一節將例釋如何以這三個問題評價滑坡論證。

16.2 個例分析

滑坡論證最常見於政策上的爭論。收看「城市論壇」幾個星期或留意報章社評一個月，保證你能找到不下半打的實例。

例一

我個人是大力反對同性婚姻合法化的。一旦政府允許了同性婚姻，那可預期那些有其他異常性癖的人也會爭取自身的利益，比如戀獸狂會爭取人獸婚姻合法化，戀物狂也會嚷着要與衣褲鞋襪等物件結為夫婦。為求公平起見，政府也一定會應允這些變態者的要求。但有正常人願意看見新郎抱着鞋子進教堂，在神父面前親吻鞋尖嗎？

作者顯然預期我們會回答「沒有」。若如此，那代表由起始事件（同性婚姻合法化）最終所引發的後果是令人難以接受的。故假設我們亦同意前提所宣稱的因果引發事件很可能發生，以及起始事件不會帶來更多好後果，我們就該接受論證的結論。

可是，由坡頂滑至坡底的機會究竟有多大呢？我們知道，婚姻須建基於雙方同意之下。貓狗等較高等的動物雖能和人類有某程度上的溝通，就目前動物學方面的研究，似乎並不支持牠們能有足夠智慧和人類達成婚姻協議。衫褲鞋襪就更不用說了。再者，與動物性交還可能會帶來許多嚴重的疾病和社會問題。這些以及許多其他的因素都會阻止這串因果鏈的發展。

例二

我實在不明白為何到今天仍有這麼多人支持母語教學。英語是國際語言已是不爭的事實。以母語授課只會令學生更少機會接觸這種國際語言。缺乏足夠機會練習，學生自然學不好英語。相信大多數人也會同意，英語欠佳不僅會大大影響自信，還會成為個人發展的最大障礙。我相信，無人願意看見香港的新一代成為無自信、無法完善發展的一群吧！

年青人是未來的社會棟樑，相信沒有任何人願意看見他們成為自信不足、發展處處受阻的一群。故此，我們可合理地認為，所宣稱由母語教學所導致的後果確實是壞後果。

然而可爭議的是，以母語授課是否就真的如文中的作者所言，會減少學生接觸英語的機會？在香港，母語教學即以粵語作各科的授課語言（也許英語科除外）。表面上，比之全面以英語授課，學生接觸英語的機會是減少了。但有人認為，要讓學生多說、多聽英語，校方大可在課堂外加強英語訓練，比方如提供英語聚會、舉辦英語課外活動或英語周等等。也就是說，母語教學不一定會減少學生學習英語的機會。而如果這一因果聯繫不成立，實施母語教學就不會引起所宣稱的惡果。

況且，母語教學似乎也不是沒有好處。

大多數人也應同意，以母語言思考和討論是最有效的。全面以母語授課能消除學生的語言障礙，令學生更勇於發問、積極參與討論。學生若能勇於發問和討論，自然能更佳地掌握學習的內容。書唸得好，人也更有自信，更能發展個人所長。

母語教學是否真有上述後果當然仍可繼續爭論。例二的目的不是要對母語教學的辯論作出最後的裁決，而是要指出，評價滑坡論證不僅須考慮前提之真假（即回答問題（I）和（II）），還須考慮其反面的證據——起始事件是否會引致更多好的後果（即回答問題（III））。只有當好壞後果充分權衡過後而發現壞後果多於好後果時，我們才能合理地認為所提出的滑坡論證是良好的。

也許你已發現，上述論證與滑坡論證擁有近乎一樣的結構，最主要的差別在於起始事件所引發的後果是好的。為求對稱，讓我們把這種形式的論證叫做「**上坡論證**」（slope-climbing argument），其標準形式如下。

1. 如果容許 A^0 發生，C^1 將發生。
2. 如果C^1 發生，那麼C^2 將發生。
3. 如果C^2 發生，那麼C^3 將發生。
4. C^3 是（或C^1 和C^2 同時也是）好後果。

---

5. 因此，應容許A^0 發生。

不難看出，上坡論證的評價法與滑坡論證的非常相似，主要需考慮以下問題：

（I）起始事件（直接或間接）所引發的後果是否真的是好後果？

（II）所宣稱的連串因果引發事件發生的可能性有多大？

（III）起始事件是否會引發更多壞後果？

大致上，如果（1）就問題（I）的答案是肯定的，（2）所宣稱的因果引發事件可能性相當大，且（3）對問題（III）的答案是否定的，所提出的上坡論證就是良好的；若非如此，論證就是不佳的。

本篇練習

(I) 是非題

1. 蓋真的論證都是蓋確的。
2. 蓋確論證都是不對確的。
3. 若已知一個論證的前提全假，那麼我們可肯定它既非真確，亦非蓋真。
4. 蓋確論證的前提一定是真的。
5. 要證明某個論證不蓋真，我們必須指出它有假的前提。

(II) 試把以下兩段文字寫成標準式的枚舉歸納(須參考標題)。

1. 教學語言微調方案將落實，一直支持母語教學政策的語常會主席田北辰最後反擊，以私人名義委託香港大學民意研究計劃訪問524名家長，結果只有29%家長支持微調，與教育局稱七成人支持的說法大相逕庭。(摘自〈田北辰：僅29%家長支持微調〉，載於《明報》，2009年5月19日)
2. 一間人力資源公司所做的調查顯示，本港僱主首季招聘意欲達歷年新高，66%行政人員預期會增聘人手。該項調查訪問了來自各行業的500名行政人員，發現66%僱主預期首季增聘人手，較上一季增1個百分點，較去年同期升13個百分點。而資訊科技、法律、銀行及金融服務業的招聘意欲最高。此外，只有1%僱主預期今年將削減人手。（摘自〈調查：66%僱主料增人手〉，載於《明報》，2011年1月20日）

(III) **風水、星座運程、掌相等屬玄學的領域有權威可言嗎？**

(IV) **達賴喇嘛在《相對世界的美麗：達賴喇嘛的科學智慧》一書中寫道：**

和宗教對比，科學有項特質，就是它沒有任何權威性經典，可用來驗證一些聲稱是真理的見解。科學裏的所有真理，都必須經由實驗來顯示或經過數學證明。如果有人說：「這個想法一定是對的，因為牛頓或愛因斯坦也這樣認為。」這種陳述是不科學的。

你認為他說得對嗎？

(V) **設想你不幸患癌，西醫建議你動手術；中醫卻反對，認為服用中藥才是治癌妙法。這時你該怎樣做？**

(VI) **在以下文字中，全都包含了訴諸權威論證。判斷它們是否好論證；若不是，指出違反了14.2節（I）至（VII）中哪個（些）條件。**

1. 教授：「怎麼你近來老是缺課呢？」
   學生：「早前我看了一本名為《末日倒數》的書，這書的作者是一位頂尖的未來學家。書中他預言，三年後將爆發全球核戰。末日將至，還唸書來幹甚麼？」

2. 甲：「你同意讓斌仔安樂死嗎？」

乙：「當然不同意。」

甲：「為甚麼？」

乙：「你沒聽霍金的演講嗎？他說生命寶貴，所以斌仔不應放棄。一流物理學家的話怎會錯？」

(VII) 找出以下類比論證的主要項、類比項、相似點和目標性質，然後作出評價。

1. 正如你不用把整隻臭蛋吞進肚才知它是臭的，你也無須把整本庸書看畢後才能判斷它是一本庸書。(柯南．道爾(C. Doyle)語)
2. 亂倫怎會是罪惡呢？根據聖經記載，上帝先以泥土創造史上第一個男人(亞當)，再拿掉他的一根肋骨造成史上第一個女人(夏娃)。其後兩人誕下他們的子女，這些男女又誕下他們的後代。如此這般地繁衍了膚色不同、形態有異的人種。因此，我們其實全都是亂倫下的產物。既然遠祖們亂倫並不是罪惡，我們亂倫又怎會是不道德的？
3. 既然你認為強迫他人咀嚼你咀嚼過的口香糖是嘔心的行為，那你為甚麼仍強迫他人吸你的「二手煙」?
4. 有人說，為了保存某些官員的痛苦經驗應該讓他們留任，這簡直是與法治精神違背的歪理。這與說一個人

殺人後有很大的反省，之後説他不用受罰，應該給他一條生路把經驗傳給後人一樣強詞奪理！（摘自《明報》）

5. 反對婚前性行為是不合理的。買鞋前你總不能不讓人先試一試鞋是否合適吧！
6. 有哲學家提出以下論證：「我們常把金錢浪費在購買多餘的物品上，而不願主動救助第三世界中的貧民，這種行為其實是一種罪惡。設想有人墮海，沒人拯救很快就會溺斃，此時大多數人也該同意，倘若有人不伸以援手，將是一種罪惡。（假設那人懂游泳，且不會因其救助行為帶來太大的損失。）第三世界中的貧民不正像這位遇溺的人嗎？他們生活貧苦，若沒人救助，很快就會死亡。而我們卻把金錢花在無聊的消費上，雖知他們的慘況，卻不助他們擺脱困境，這與見死不救根本無任何差異。」
7. 甚麼？我的思考方法考試竟拿不到A！這沒理由！這學期除思考方法外，我還選修了中國文化，這科我卻拿了個A。
8. 打擊色情書刊的發售是不合理的。古往今來，不少名畫都以裸體為題，許多著名的文學創作也充滿了情慾的描寫。然而，這些作品不僅未被禁止，而且更廣受讚揚。

（VIII）你能指出類比的其他功用嗎？

(IX)把以下滑坡論證寫成標準式，然後判斷它們是否良好的論證。

1. 我個人是大力反對足球賽事使用電子器材來執法的。想想看這會造成多大問題。球賽之所以吸引，最主要的原因是夠緊張刺激。一旦以電子器材執法，每當出現問題球或疑似犯規動作，就需停下來看重播，這無疑會破壞球賽的緊湊性。
2. 今天你抽煙，明天你就會「索K」。既然K仔也碰了，遲些你就會嘗試吸食可卡因和海洛英。最終就會成為癮君子。你也不想把自己弄成這樣吧。那還不趕快戒煙？

第五篇

謬誤剖析

17 甚麼是謬誤？

錯誤有兩大類。一類稱為「**訛誤**」(factual mistake)，即資料性的錯誤。譬如你誤以為香港現任特首是李克勤，又或誤以為香港的大專教育是免費的，那麼就犯了訛誤。

另一類錯誤稱為「**謬誤**」(fallacy)，即思維方式的錯誤。譬如你只從大多數人信仰基督教，就推論三位一體的上帝一定存在，又或你相信世上有英俊的醜男，便犯了謬誤。

若要思考精確，就要能正確分辨正確和錯誤的思維方式，故此必須對常見的謬誤有最基本的認識。

常見的謬誤可分為四大類：

(1) **不一致的謬誤**

(2) **不相干的謬誤**

(3) **不充分的謬誤**

(4) **不當預設的謬誤**[39]

在討論論證分析時，我們已零碎地看過一些謬誤的例子。接下來幾章將以較系統化的方式介紹上述四類謬誤。

---

39 本書所介紹的謬誤分類架構是李天命先生所提出的「四不架構」，但對各類謬誤的界說與李先生不盡相同。

18 不一致的謬誤

不一致謬誤主要包含自相矛盾和自我推翻兩種。

18.1 自相矛盾

前面已提到，自相矛盾句[40]具有以下形式：

α 並且非 α

如果斷言（或相信）一個本身自相矛盾的陳述、或一組隱含自相矛盾的陳述，那便犯了**自相矛盾的謬誤**（fallacy of self-contradiction）。[41]譬如說，你同時斷定兩個互相矛盾的句子（例如「香港是一個美麗的城市但同時又不是一個美麗的城市」），又或同時斷定兩個真值對反句（例如「曾蔭權是聰明的特首又是愚笨的特首」），便犯了自相矛盾的謬誤。

---

40 為求簡潔，在不引起誤解的情況下，「自相矛盾句」有時只簡稱為「矛盾」。

41 「隱含」此處指邏輯涵蘊。

當然，自相矛盾不總是這麼顯而易見，下面的例子就比較難察覺。

例一

幾年前我的一位好友的母親不幸離世。一天，他告訴我，他看見母親的鬼魂。

「昨晚我正準備上床睡覺，突然發現母親就在床邊。」

我起了一身雞皮疙瘩，問道：「她有對你說些甚麼嗎？」

「她叫我別老是忙着工作，要多些關心父親。」

「那……那你就多些陪伴你爸吧。」我有點不知所措。

正想找幾句比較像樣的安慰話，突然記起：「他不是基督徒嗎？」

基督教雖承認人有靈魂，但卻否認亡靈可返回世間。信主的人死了可往天堂享永生；不信的就要下地獄給火烹，永不超生。我那位朋友既然認為看到了母親的亡靈，那就代表他相信有人死後會回魂。但另一方面，他卻篤信基督，相信沒人死後靈魂可返回世間。換言之，他的信仰與他相信母親回魂隱含了矛盾。

例二

政治學家Deborah Stone在其一本論公共政策的著作中，提到以下一則真實個案：

> 1989年美國最高法院判決，燃燒國旗是一種言論表達方式，州政府不得禁止國民以此方式表達自己。美國退伍軍人協會是最自負的榮民組織之一，一位會員上電視節目「今日」說明為甚麼許多像他這樣的愛國者認為最高法院判錯了，政府應禁止燃燒國旗才對。他說，國旗是國家的象徵，政府應阻止人民毀損國旗。當主持人Jane Pauley逼他解釋到底國旗象徵甚麼，為甚麼政府應保護國旗時，他回答：「國旗象徵這個國家的人有權做自己想做的事。」[42]

這位退伍軍人協會會員的話有自相矛盾之嫌。從他對主持人的回答看來，他似乎認為美國人有權做任何自己想做的事。若如此，那他自然也應同意美國人有權燃燒國旗。可是從他表示政府應禁止燃燒國旗這一立場來看，可合理地推論他亦認為美國人民沒權毀損國旗。(某行為若應被某國政府禁止，那意味該國人民沒權利做該行為。) 這不正表示他同時認為「人民有權毀損國旗並且人民無權毀損國旗」嗎？

---

42 摘自Deborah Stone著，朱道凱譯：《政策弔詭：政治決策的藝術》(*Policy Paradox: The Art of Political Decision Making*)，台北：群學出版有限公司，2007年，頁159。

例三

對靈魂的信仰可謂非常普遍。幾乎每一民族也有為數不少的人篤信，人死後肉身雖毀，靈魂卻繼續以某種方式存活下去。然而，對於靈魂究竟有何屬性，各派人士則意見不一。一派認為，靈魂與身體在性質上截然不同：靈魂懂得思考，具有意識，但卻沒有質量、形狀，也不會佔據空間。人死後靈魂將脱離肉身，在世間浮游一段日子後，投奔天堂或是墮進地獄。

信仰一種非物質的存有（being）本身並無矛盾（至少表面上看來如此），但認為不佔空間、沒形狀的靈魂能在世間飄浮就有矛盾之嫌了。「飄浮」與「走動」、「飛往」、「跳過」等詞語一樣，表達某種運動。而某件物件若能運動，則意味其須佔據空間。故此，靈魂能飄浮意味其並非不佔空間。但這派靈魂信徒卻同時認為，靈魂屬不佔空間的存有。除非「飄浮」、「浮游」此處另有解釋，否則這種靈魂觀只能被視為自相矛盾的觀點。

例四

有些自相矛盾甚至隱蔽得連邏輯家也難以察覺。假設我在床底發現了一對白鞋，相信你不會認為，這對鞋印證了（confirm）——在某程度上支持了——（H1）「所有烏鴉都是黑色的」這一陳述。而假若我問你，這對鞋是否印證了（H2）「所有不是黑色的東西都不是烏鴉」？相信你的回答是肯定的，因為這情況就好像黑烏鴉會印證「所有烏鴉都是黑色的」

一樣。假若我現在再問，既然這對白鞋印證了（H2），是否也印證了其他與它意思相同的陳述呢？[43] 起先你或許會有點猶豫，但估計最終也會回答「是」。

現在問題來了。（H1）與（H2）的意思是相同的：在所有可能情況下，它們不是同真，就是同假。故此如果你就剛才兩個問題確實回答「是」，那就證明你有些信念不一致。因為對這兩個問題的肯定答覆可推導出「我那對白鞋印證了（H1）」，這正好與你的另一信念「我那對白鞋不會印證了（H1）」相矛盾。[44]

矛盾的思想和言論並不罕見。當我們心思不夠縝密，或是思考的內容相當複雜時，我們往往會跌落自相矛盾的陷阱而不自知。要避免這種謬誤，最好的方法是對所言所思審慎，以及對所持的信念作充分的反省。

有些言辭看似自相矛盾，仔細分析後會發現，在某些語境中，可被理解成沒有矛盾的陳述。「那個男人根本不是男人」看來是斷說某人既是男性又不是男性。但其實，在某些語境中，話中的兩個「男人」各有所指：前一個「男人」指生物學上的男人，後一個指有男子氣概的人。整句話的意思故此大致等同於：「那個生物學上的男人，根本就不是有男子

43 此處「意思相同」指邏輯上等值（logical equivalence）。

44 這一矛盾（或稱「悖論」（paradox）更為恰當）是由哲學家亨佩爾（C. Hempel）所提出的。

氣概的人」。同理，「嗑藥後的快樂不是真正的快樂」雖表面上矛盾，但在某些語境中，話中的「快樂」意思不同：一個指短暫的感官快感，另一個指持續穩定的愉悅感覺。整句話的意思也就是：「嗑藥後所得的短暫感官快感並不是持續穩定的愉悅感覺。」

碰到疑似自相矛盾的語句時，不要立刻指控說話者犯謬誤，應該設法把該話語，按當時的語境，詮釋為非矛盾句。當這嘗試失敗後，指控說話者矛盾才是最有力的。

18.2 自我推翻

假若某個言辭P本身既不矛盾亦不隱含矛盾，但言說P卻與P的內容相衝突，言說P的行為就是**自我推翻的**（self-defeating）。

例一

甲：「你懂中文嗎？」

乙：「我完全不懂中文。」

乙言說「我完全不懂中文」這一行為就是自我推翻的。「乙不懂中文」這話既非自相矛盾亦不隱含自相矛盾。（邏輯上乙固然可能完全不懂中文。）然而，乙能說出這句話代表他對中文並非一竅不通，這正正與他說話的內容（乙不懂中文）相衝突。

例二

某期《中大學生報》刊載了一份涉及亂倫、人獸交等敏感性話題的問卷，引來不少衞道之士大力抨擊。報章一位專欄作家批評道：

亂倫、人獸交等議題極之污穢，超越了目前社會所能接受的道德水平。所以我認為，在任何時候我們也不應談論這等議題。

這言論本身算不上矛盾，但這位作家似乎忘記了，提議禁止人們談論亂倫、人獸交等話題已算是在談論這些話題了，這正好與他的建議相違。

例三

幾年前，某個電視節目抨擊前任特首董建華先生的政策。被問到對該節目有何看法時，前特首回應說：「我不會評論這等低品味的節目的。」這回應雖不算自相矛盾，但卻顯然自我推翻——說該節目低品味，顯然已是在評論了。

例四

香港最後一任總督彭定康（Christopher Francis Patten）有一招撒手鐧。碰到記者追問像是「假如失業率持續上升，政府將會怎樣應對？」「如果今年政府又再出現赤字，會採取甚麼對策？」這類假設性問題時，總會以一句「我不回答任何假設性問題」來搪塞。倘若彭定康先生訪港時又再重施故技，不妨問他這個問題：「假設我問你一個假設性問題，你會否回答？」要是他仍堅稱不回答任何假設性問題，便跌入自我推翻的陷阱了。

19 不相干的謬誤

兩人熱烈討論政治家是否都是不誠實這一問題。

甲：「你説政治家全都不誠實，有甚麼根據？」

乙：「證據是今早我家的水龍頭漏水了。」

甲：「你説甚麼？」

乙：「你沒聽到嗎？我説所有政治家都是不誠實的，理由是我家的水龍頭漏水了！」

乙有對「所有政治家都不誠實」提出論證嗎？倘若他不是在説笑，那麼答案是肯定的。按早前對「論證」一詞的界説，只要説話者以某（些）陳述來證明某個看法，就提出了論證；而乙的説話確實符合這一條件。

不過，不需説也能一眼看出乙的論證很有問題。即使他家裏的水龍頭早上真的漏水，這絲毫增加不了「所有政治家都不誠實」這一看法為真的可能性；也就是説，前提與結論是不相干的。

如果論證的前提對結論提供不了任何程度的支持，即在前提為真的情況下結論為真的可能性沒任何提升，該論證便犯了**不相干的謬誤**（fallacy of irrelevance）。

當然，上面的例子只屬虛構，按常理沒正常人會犯類似的謬誤。但不少不相干的謬誤卻沒這樣明顯，以下談到的訴諸人身、訴諸無知、歧義謬誤就屬這類。

19.1 訴諸人身

若要批駁某人的言論，我們該把矛頭對準該言論，指出它究竟有甚麼問題（譬如言論不實，論證的前提不真或推論出錯）。倘若我們把矛頭轉向對方的個人情況，以為就此已提出了論據駁斥對方，而所訴諸的個人情況與對方的論點根本是不相干的，那就犯了**訴諸人身的謬誤**（argument against the person）。這種謬誤具有以下這種形式：

1. X言說P。
2. X具有某些人格特質、動機、處境或背景。

---

3. 所以，P是假的／是不能被接受的。

訴諸人身的謬誤主要有以下兩種，分述如下。

(I) 人身攻擊的謬誤（*ad hominem* abusive）

以惡言攻擊他人，譬如指出某人有某些負面的人格特質（貌醜、品格差等），並以此作為理據駁斥對方的言論。試看下例：

例一

盧梭（Jean-Jacques Rousseau）的政治學説全都是謬論。盧梭為人偽善、心胸狹窄自不用多言；更糟的是，他是名不折不扣的性變態。據説，只有給人打屁股後，他才能正常地性交。由這樣的人提出的理論又怎會有價值呢？

盧梭是十八世紀的重要哲學家、作家和政治理論家，其政治學説雖已過百年，至今仍備受重視。上面這段文字的作者對盧梭學説的內容隻字不提，只指出盧梭的人格如何糟、性癖如何怪，以為這樣就證明了他的學説是錯誤的。但其實這樣的反駁半點力度也沒有。因為「心胸狹窄」、「偽善」、「被打屁股後才能性興奮」這些性質與「所提出的學説是謬論」根本就不相干。所以即使真如作者所言，盧梭具有這些人格缺憾和怪癖，也不能就此便推翻其學説。要批評盧梭的理論，必須指出它哪方面不妥。

例二

大抵你也聽過（或曾親身參與過）類似以下的對話：

父：「吸煙危害健康。不要再抽那麼多煙了。」
子：「你不也一樣！你終日煙不離手，抽得比我還兇。看看你指隙現在夾着些甚麼？」

兒子的回應可有不同的意思。如果兒子只是想借機反諷一下父親，指出他也有抽煙的習慣，那雖然他回應的態度比較惡劣，也不算有甚麼謬誤。但若是想藉父親言行不一來反駁其言論，即從父親言行不一而推論其論證（「由於吸煙危害健康，所以兒子不應抽太多煙」）不成立，便犯了人身攻擊的謬誤。

誠然，給言行不一的人批評或勸諫心裏難免有點兒不服，「你又如何呀？」「你有甚麼資格批評我？」等話很易浮上腦海，甚至禁不住宣之於口。但無可否認的是，某人是否言行不一與其言論是否正確並不相干。即使那位父親知道應少抽煙又終日煙不離手，也不能藉此否定其言論。兒子若要駁斥父親的說法，須指出父親的論證有甚麼問題。

你可能會問，人身攻擊似乎是極之明顯的謬誤，何解會如此普遍？（收聽電台時事節目一段時間，保證你能收集到不少這種謬誤。）這其實不難明白，人身攻擊是一種相當好用的詭辯手法。想像你在發表言論之時，竟遭人指出有某些負面特質，藉此全盤否定你所說的，你能按下脾氣而不發火嗎？爆火了還怎能夠清楚解釋自己的論點？

* * *

我們必須清楚分辨人身攻擊的言論和人身攻擊的謬誤。有人以為，只要（通常以極之粗魯的方式）責罵他人，或是批評他人的品格，就犯了後者。這想法並不正確。人身攻擊的謬誤是一種推論上的錯誤，故此若只是以說話攻擊人，沒涉及推論，就沒有犯這種謬誤。譬如若聽到人說：「他面容醜得恍如給火燒過，智力比一隻超級智障的豬還要低。」我們固然可指責說話者十分沒口德，但因這話不涉及任何推論，不屬人身攻擊的謬誤。

另一常見的誤解是以為，只要以對手的負面特質為理據，就犯了人身攻擊的謬誤。其實只要所指出的負面特質與言論的不可信性正相干，又或論證的結論並非表述對手的言論，就沒犯這種謬誤。以下甲的說話都沒犯人身攻擊的謬誤：

甲：「雖然小丙大力否認，但我不相信他沒有偷會費。他曾多次對我撒謊，且我最近才知道，他曾多次因偷竊罪而入獄。」

一個人是否誠實、有沒有犯罪紀錄，與其證言是否可信明顯是相干的(在法庭上證人若被發現品行欠佳或留有案底，其證言的可信性將大大被削弱甚或被作廢)。故此，若小丙愛撒謊又曾偷竊，我們就有理由懷疑其證言的可信性。當然，若要指控他確實偷了會費還須握有其他證據，只指出他愛撒謊及曾入獄是不足夠的。

甲：「你看阿強他雙目無神，鼻子像插蘇，面皮如月球的表面，怎會是唸書材料？」

在上例中，阿甲對阿強作了人身攻擊(尖酸地批評阿強的長相)，且亦作出了推論(從阿強長相差推論出他不是唸書的料子)，但由於論證的結論並沒陳述阿強所持的任何論點，所以也不算犯人身攻擊的謬誤。當然，阿甲的論證是大有問題的，「長相差」與「沒讀書天分」這兩種性質全不相干——「長相差」既不增加也不削弱「沒讀書天分」的可能性。

(II) 訴諸人身情境（*ad hominem* circumstantial）

指出某人能從某個做法、行動、政策等中得益，由此推論其支持該做法、行動、政策等的言論不正確。

例一

甲：「我個人是十分支持母語教學的。多項研究也顯示，以母語授課能大大提高學生的學習效率。此外，能夠在課堂上使用最熟悉的語言，學生自然更樂於發問和參與討論。」

乙：「我不贊同你的觀點。據聞你英語能力極低，文法不通，口語極糟。上課時若無須用英語，你的表現自然較佳，也難怪你會支持這項政策。」

乙對甲的論證避而不談，只指出甲能從母語教學中獲益，並以此作為反駁甲論證的理由。

能從某項政策中獲益往往會驅使人支持該政策。甲可能的確是出於私利才提倡母語教學的，但可從這項政策中獲益不代表其支持這項政策的論證就不該被接受。

19.2 訴諸無知

一般而言，未有任何證據證明某個看法，不能成為反對這看法的理由。倘若我們只因某個看法沒理據證明便推論其為假，或只因某個看法沒理據否定便推論其為真，那就犯了**訴諸無知的謬誤**（fallacy of appeal to ignorance）。這種謬誤具有以下兩種形式：

（I1）

1. 至今還沒有證據證明P真。

---

2. 所以P是假的。

（I2）

1. 至今還沒有證據證明P假。

---

2. 所以P是真的。

例一

記者：「本港已有豬流感確診個案，請問食用豬肉是否仍然安全？」

衛生署官員：「請大家無須憂慮。到目前為止，還未有證據顯示豬流感會透過食用豬肉傳播。」

假定官員對豬流感的性質未有任何了解（未了解過任何相關的研究或調查）就作出此言論，我們就可合理地指控他犯了訴諸無知的謬誤。[45] 只就目前沒有任何證據顯示豬流感

---

45 若不作此假定，官員的論證就可能可在某些語境裏被詮釋為與例三相似的形式。

會藉食用豬肉傳播，絲毫支持不了「這疾病不會藉食用豬肉傳播」(同樣亦支持不了「這疾病會藉吃豬肉傳播」)。若要證明食用豬肉不會感染豬流感，官員須握有實質的證據，譬如指出有科學研究證明，這種病毒不會透過食用豬肉而傳染。

例二

至今也沒有證據證明風水學可信，所以風水學是不可信的。

誠然，風水學的可信性一向受人質疑。不少風水師的言辭非常含糊不清，其所謂的預測也似乎很難給予否證。可是只指出至今還沒證據證明風水學可信，並不表示風水學不可信。在前提為真的情況下，我們應對風水學的可信性存疑，而不是否定。

有些論證似是犯了訴諸無知的謬誤，考慮其脈絡後會發現其實不然。試看下例：

例三

經過許多傑出科學家的努力嘗試，始終未能對以太(aether)存在提出任何實質證據。故此我們有很好的理由相信，以太根本不存在。[46]

---

46 此例亦可見於Patrick J. Hurley, *A Concise Introduction to Logic*,(Wadsworth Publishing; 9th edition), 2006, p.130.

在二十世紀初，光普遍被認為是一種波動（wave）。任何波動（例如水波、聲波）也需藉介質來傳播，故此大多數科學家也認為，光的傳播也依賴一種叫做「以太」的介質。

假若以太確實存在，那麼我們有相當強的理由相信，透過某些實驗和研究，合資格的科學家能找到其存在的證據。但事實上卻找不到任何以太存在的證據，由此我們可合理地（蓋確地而非對確地）推論「以太不存在」。換言之，最能準確表示上例的論證形式不是（I1）或（I2），而是：

1. 如果以太存在，那麼科學家們透過各種實驗和研究應能偵測到其存在。
2. 但科學家們透過各種實驗和研究卻偵測不到以太存在。

---

3. 所以，以太不存在。

在香港（以及美國和加拿大等國家），被告未被定罪前，法庭將假設其無罪。假若最終也找不到被告的充分罪證，法官判案時會說：「由於證據不足，判被告無罪釋放。」法官的判詞有沒有犯訴諸無知的謬誤呢？就這問題我們可應用類似上例的分析。被告若真有犯案，經過警方及其他與案件相關的專業人士詳細調查後，理應能找到犯案的足夠證據，而假若最終仍然找不到被告的充分罪證（即法官所說的證據不足），那麼至少可合理地認為「被告無罪」這一結論有一定的可信性。當然，證據不足是否能構成「被告無罪」的良好理據，還要看調查有多仔細、相關的調查人員是否稱職等等。

從以上討論我們可歸納出以下通則：若有某個看法P，經相關的專家努力研究後，仍未能證明其為真，那麼由此推論P為假未必是不合理的，有時甚至是相當蓋確的。

19.3 歧義謬誤

如果在論證中使用了歧義言辭，而該言辭在論證中沒有保持同一的意思（譬如在前提（1）中取言辭的一個意思，在前提（2）中卻取了另一個意思），以致造成論證真確或蓋真的假象，該論證就犯了**歧義謬誤**（fallacy of ambiguity）。

例一

所有細蚊仔都會飛。我的女兒是細蚊仔。所以我的女兒也會飛。

驟眼看來，上述論證符合「所有F是G。a是F。所以a是G」這一推論模式，因而似乎是對確的。但只需略加考察，便會發覺其實不然。早前提到，「細蚊仔」在粵語中是歧義字詞，既可解作小朋友，亦可解作細小的蚊子。上述論證混淆了這字詞的兩個不同意思。前提（1）取了第二意思，前提（2）卻滑轉到第一個意思。因此實際上例一的真正邏輯形式是以下這個不對確的形式：

1. 所有細小的蚊子都會飛。
2. 我的女兒是小朋友。

---

3. 因此，我的女兒會飛。

當然，若「細蚊仔」在整個論證中都保持同一意思（在前提（1）和（2）都解作小朋友或細小的蚊子），論證就是對確的。但如此一來，前提就不能全真了。（若解作小朋友，則前提（1）假；若解作細小的蚊子，則前提（2）假。）

上例的錯謬顯而易見，但如果論證中的歧義字詞的不同意思有某種細微的聯繫或相當接近，就比較難察覺其問題。

例二

人類是永遠無法實現登陸土星這一夢想的。任何不可能的事物都無法實現。（例如我們無法畫一個圓的方，也喝不到又熱又冷的咖啡。因為這些事物都是不可能的。）而登陸土星根本就不可能。

上述例子可寫成以下的標準式：

1. 任何不可能的事物都無法實現。
2. 登陸土星並不可能。

---

3. 所以，登陸土星無法實現。

在第 5 章我們看過，「不可能」至少有三種不同的意思：（1）邏輯上不可能、（2）經驗上不可能、（3）技術上不可能。例中括弧內的文字很清楚地顯示，前提（1）中的「不可能」是指邏輯上不可能；但在前提（2）中，「不可能」的意思卻似乎轉變成技術上不可能。因此「不可能」的意思在論證的過程中改變了。這論證表面上真確，事實上卻非如此，犯了歧義謬誤。

也許有人會爭辯說，「不可能」的意思可能並沒有滑轉，前提（2）中「不可能」仍然是指邏輯上的不可能。若是如此，上例並沒犯歧義謬誤，但前提（2）就不再是真的了，因為很明顯的，登陸土星不隱含自相矛盾；這論證仍然是不佳的。

19.4 小結

前提必須與結論相干，這似乎是用不着多說的事。但在本章探討的各種謬誤中我們看到，這一似乎十分明顯的事，不總是被我們注意到。有時我們會以與說話者言論完全無關的人格特質來否定其言論；有時會以無證據為理由，作出不合理的推論；亦有時會在論證的過程中滑轉了關鍵字詞的意思。這些推論方式在心理層面上也許有其效力，但因前提不能給結論提供任何理據上的支持，全可歸入不相干的謬誤。

不相干的謬誤還有許多。有些已在論證分析的部分間接地討論過，[47] 有些本書沒作任何討論。就判別不相干謬誤這一目的而言，重要的不是鉅細無遺地記住所有這類型的謬誤，而是掌握不相干這一**類概念**，[48] 即掌握以下的判準：假定論

47 例如說，類比論證的前提所宣稱的相似點若是與目標性質不相干（或負相干），就可視為犯了不相干的謬誤。

48 這裏雖只強調不相干這類謬誤，同樣道理亦適用於其餘三大類謬誤。正如李天命先生指出：「對於謬誤剖析來說，最重要的是掌握四型謬誤的類概念（『不一致』、『不相干』、『不充分』、『不當預設』），其下細分的各式謬誤的種概念則僅屬其次。」（《哲道行者》，頁 169）

證的前提為真，結論為真的可能性是否有所提升？答案若是否定的，論證就犯了不相干的謬誤。

20 不充分的謬誤

要建構良好的論證，前提只與結論相干不一定足夠。倘若我們企圖對某個看法提出充分的證明，但所給出的論證縱然與結論相干，卻不足以支持結論（論證在前提全真的情況下，結論既非必然亦非高概然地真），所提出的論證就犯了**不充分的謬誤**（fallacy of insufficiency）。

居先為因、肯定後項謬誤、合成、分割以及早前提到的以偏概全（見第 13 章）都可歸入不充分謬誤這一類別。

20.1 居先為因

若只就某一事件發生於另一事件之先，就必然或概然地推論先發生的事件為後發生的事件的原因，那就犯了**居先為因的謬誤**（*post hoc* fallacy）。[49] 這種謬誤具有以下形式：

1. A發生在B之先。

---

2. 所以，A是B的原因。

49 有些書譯為「居後為果的謬誤」。

例一

回歸後，董建華任特首，自此失業率上升，經濟低迷，沙士大爆發，市民叫苦連天。你說，是不是董建華把香港搞垮了？

這論證企圖證明董建華任特首是導致經濟低迷、失業率上升等現象的原因。大抵無人會反對，董建華需對回歸後香港各種不景氣負上部分責任。但只就上述論證所給出的理由，是不足以支持這一看法的。前提只指出了兩件事的先後次序：董建華任特首先發生，然後香港變得不景氣。從這一時序我們可必然地推論後一事件不會是前一事件的原因（結果不能發生在原因之先），從而也許在極小的程度上增加結論為真的可能性，但卻不足以把種種天災人禍歸咎於董建華。

例二

幾年前，香港曾出現一個異常罕見的教派。信徒們除宣揚其教義外，還大力吹噓雙氧水的神效。下例來自該教派發的宣教小冊子：

自從她開始飲用雙氧水，便常說走起來比以往有勁了（因她天天都去市場，除上下那四、五層樓梯外，要走一大段斜坡）。氣喘也減少了，走更長的路也不再上氣不接下氣。手（腕）的那個水囊，一天一天地縮小，在飲用十多天的雙氧水後，水囊竟完全消失了。起初以為是周期性現象（因水囊脹大到一定程度後會維持一段日子，之後收縮，不久後又再長大），但那次消失後，直到現在 2001 年（五年來）也沒有再復發，感謝神。很明顯，是飲用雙氧水治好了病。[50]

文中作者把水囊消失歸因於飲用了雙氧水，但所給的理由並不充分。作者只列舉了兩件事情的先後次序：飲用雙氧水在先，水囊漸漸消失在後。即使這是事實，至多只證明喝雙氧水邏輯上可能是水囊消失的原因，不足以證明水囊確是被雙氧水治好的。

居先為因的錯謬是不難察見的。任何一件事件也有（近乎）無數事件先於其發生。[51] 看這本書前有億萬件事情發生過：早上你喝了杯奶茶，幾天前你去過士多買東西，幾年前香港爆發沙士，數百年前十字軍東征，數十萬年前曾有幾頭大暴龍圍攻一頭小速龍，等等等等。若居先就可算是因，豈非這些事也是你看本書的原因？

20.2 肯定後項謬誤

讀者應還記得，大多數具肯定後項形式的論證都是不對

50 見《雲彩集》：〈信主見證六〉。

51 大爆炸（the Big Bang）除外。

確的。提出這種形式的論證不一定就犯了謬誤。[52] 但要是我們提出一個具肯定後項形式的論證，並企圖以此作為對結論的充分證明，而實際上論證既不對確亦不蓋確，那就犯了**肯定後項的謬誤**（fallacy of affirming the consequent）。下述對話中的乙就犯了這種謬誤。

甲：「近來經常生病，身體愈來愈差。」

乙：「那你肯定很富貴了，正所謂『財多身子弱』嘛！」

「財多身子弱」按其最自然的解釋，應理解成「如果某人財多，那麼那人身子弱」。因此，這話涵蘊「如果甲財多，那麼甲身子弱」。乙誤以為從「甲身子弱」以及「如果甲財多，那麼甲身子弱」可必然地推出「甲財多（富貴）」，故犯了肯定後項的謬誤。

---

52 把不對確的肯定後項論證全視為謬誤並不恰當。肯定後項為印證科學理論的常見模式。提出理論後，科學家會從理論中推導出測試涵蘊（test implication）。如果事實與測試涵蘊相符，即有印證個例（confirming instance）出現，理論就獲得了某程度上的印證；不然，就得到了非證（disconfirmed）。理論被印證的強度受印證個例的多少和樣式等等因素所影響。

使用肯定後項印證理論時，科學家顯然不是要提出一個對確論證。要是在此情況下指控其犯謬誤，顯然極不公正。（參本章末段）

20.3 合成謬誤

港產喜劇《國產零零漆》有一幕給我留下很深刻的印象。戲中飾演零零漆的周星馳正身陷險境，突然他的拍檔達文西（羅家英飾）出現，宣稱已研製了一種史上最具殺傷力的武器——「攞你命三千」。零零漆以為有救了，怎知那件「超級武器」，原來只是豬肉刀、手榴彈、鐵鏈等各式各樣武器的胡亂集合。這位達文西先生似乎以為，既然這些武器每一件也很厲害，由它們組成的武器也一定非常厲害。

若我們從某事物的組成部分具有某種性質，而必然或概然地推論該事物本身亦有該性質，但實際上這推論是不成立的，那就犯了**合成謬誤**（fallacy of composition）。其形式如下：

1. x是y的組成部分。
2. x有性質P。

---

3. 所以，y有性質P。

達文西的推論就犯了這種謬誤，只從「攞你命三千」的部分（各式各樣的武器）非常厲害這一事實，不能必然亦不能概然地推論這件武器本身也非常厲害。

別以為正常人不會犯這種謬誤（達文西有點精神失常）。下面這些例子全都是實例。

例一

學生：「我不同意論證沒有真值。」

筆者：「為甚麼？」

學生：「論證由述句構成，是嗎？」

筆者：「可以這樣說。」

學生：「述句有真值，是嗎？」

筆者：「當然，這還用問？」

學生：「既然述句有真值，而論證又由述句構成，那麼論證又怎會沒有真值？」

這位學生似乎忘記了，按照我們的約定，只有述句才能有真值。所以即使論證的部分（述句）有真值，論證本身也沒這種特性。

例二

曾聽過以下一段對話：

小白：「你行事為人太自私自利，從來只講求個人利益，完全不顧他人感受，實在該好好反省。」

小黑：「世上哪有人是不自私的？商人為求私利不擇手段。政客為擴展自己的權力，完全不理他人死活。父母對子女的愛看似無私，其實說穿了也只是出於自私——父母愛子女是因為那些子女是他們所生的。事實上自私是生物的本性，前些時候我看過一本名為《自私的基因》的書，該書作者說基因的行為極度自私，會不顧一切以保證自己的生存。我們的身體由細胞組成，而每一個細胞也包含基因，既然基因是自私的，我們的行為也無可避免地是自私的。」

很明顯的，小黑想替其自私自利給出合理的理由。既然人都是自私的，作為人的他又怎可能不自私？而自私既是人的天性，為人自私又有甚麼不對？小黑證明「人皆自私」的論證可寫成以下的標準式：

1. 基因是人的組成部分。
2. 基因是自私的。

---

3. 所以，人是自私的。

但這論證卻犯了合成謬誤。前提也許與結論相干，即在前提為真的情況下，結論為真的可能性也許有所提升。但只是前提為真，既不能必然亦不能概然地推論「人是自私的」。[53]

留意小黑的回應亦犯了概念扭曲。「自私」按其慣常用法，意思大致是「只顧自己，不理他人」。小黑卻在無清楚交代及沒充分理由的情況下替「自私」加添了額外的意義——把愛護自己的子女的行為也強說成是「自私」。

例三

既然小麗愛吃榴槤和雪糕，怎可能不愛吃榴槤雪糕？

---

53 小黑的論證亦有犯歧義謬誤之嫌。「自私」一詞應用在人類及基因身上，意思其實不盡相同。應用在前者，意思大致是「只顧自己，不理他人死活」。應用在後者，意思其實是「不斷自我複製」。在論證的過程中，小黑似乎滑轉了「自私」一詞的意思（前提（2）中的「自私」指不斷自我複製，結論中的「自私」指只顧自己，不理他人死活），以造成推論成立的假象。

例四

他的文章每一句也寫得很流暢，所以整篇文章讀起來必定也很流暢。

例五

希拉里和奧巴馬都是政治人才，他們兩人拍檔一定是夢幻組合。

不少人也分不清合成謬誤與第 13 章討論過的取樣不足（以偏概全的其中一種）的分別。這也許因為我們似乎也可以說，取樣不足的論證所涉及的樣本，是群體的一部分——儘管只是一小部分。但其實這兩種謬誤大有不同。取樣不足的錯謬在於，從少數個別事物的特性推論出其所屬的整個群體也具有該特性。合成謬誤的問題則在於，誤以為某種特性會由某事物的部分傳遞至這事物本身。此外，一般而言，在前一種謬誤中，所涉及的樣本與群體是同一類事物；在後一種謬誤中，部分與整體卻是兩類不同的東西。我們可比較下面兩個論證來闡明這點：

1. 基斯坦奴朗拿度、卡卡這兩個皇馬球員都很出色。

---

2. 所以，所有皇馬球員都很出色。

1. 所有皇馬球員（基斯坦奴朗拿度、卡卡、希古恩等）都很出色。

---

2. 所以，皇馬這支球隊很出色。

前者犯取樣不足謬誤（基斯坦奴朗拿度、卡卡與所有其他皇馬球員屬同一類東西），後者犯合成謬誤（皇馬球員與皇馬這支球隊是兩類不同的東西）。

任何犯了合成謬誤的論證都可寫成早前提到的形式，但反之卻不然（有些具合成形式的論證並不是謬誤）。譬如若以「構成這間石屋的每塊石磚都重逾三公斤」來論證「這間石屋重逾三公斤」，就不能被視為謬誤，因為重逾三公斤這性質，確實能夠從部分傳遞至整體。要正確判斷某個論證是否犯了合成謬誤，須個別來看，不能單看形式。

20.4 分割謬誤

分割謬誤是合成謬誤的「反面」。若我們從某事物具有某種性質，必然或概然地推論該事物的組成部分亦有該性質，而實際上這推論是不成立的，那就犯了**分割謬誤**（fallacy of division）。其形式如下：

1. x是y的組成部分。
2. y有性質P。

---

3. 所以，x有性質P。

把上一節的例三至例五「反過來」，便得到相應的分割謬誤。當然，分割謬誤不就只得這些。

例一

會計部職員：「甚麼？還要增加我們的工作量？這實在太不合理了。我們會計部的工作量不是已是全公司之冠了嗎？」

整個會計部合計的工作量也許很多。但這不足以表示部門中的每位成員也有很多工作。可能工作主要由某些職員承擔，其他的全都閒得很。

例二

上節例一中提到，有學生以為可從「述句有真值」而必然地推論「論證有真值」。也有學生認為從「某些論證是對確的」可必然地推論「對確論證的部分（述句）是對確的」。這一推論顯然犯了分割謬誤。（不明白？請重閱第9章的方塊「真vs.對確」的內容。）

例三

政府近來大力打擊軟性毒品，加強了反吸毒方面的宣傳。這無疑是一件好事。但我認為更應打擊的是酒精類飲品。許多人都不知道，喝酒對個人的禍害其實遠比服食K仔、冰毒、大麻這類毒品大。據研究顯示，喝酒比軟性毒品禍害更大——因喝酒而死或引致嚴重疾病的個案遠比服用軟性毒品的多。

這論證比較喝酒與服食軟性毒品這兩類行為，發現前者的禍害遠大於後者，由此下結論說：個別的喝酒行為比個別吸食軟性毒品的行為有更大的禍害。

但這一推論是不成立的。上文最末一句顯示，「……較……帶來更大的禍害」應用在喝酒與服食軟性毒品這兩類行為時，意思是前者較後者引起更多的死亡和疾病個案。這一片語所表達的性質卻不能傳遞至喝酒和服食軟性毒品這兩個類的個別分子。因為「個別喝酒的行為較個別服食軟性毒品引起更多的死亡和疾病個案」這一陳述要不是假的，就是無意義的。[54]

和合成論證一樣，分割論證也不總是謬誤。如果我以「《哈利波特》是一部英文書」來論證「書中每一個句子都是英文句子」，就完全沒謬誤。因為「用英文寫成」這一性質，確實能從事物的整體傳遞至其組成部分，這一推論因而是成立的。

* * *

判斷某個論證是否犯了不充分的謬誤，有一點須特別留意。在日常生活中，我們常會碰到像這樣的論證：

1. 這支軍隊由上至下的軍人都極之優秀。因此我們<u>有理由相信</u>，這是支很優秀的軍隊。

---

54 和上節例二一樣，這論證亦有犯歧義謬誤之嫌。

2. 這隊樂隊的演奏水準不錯，故此我們有理由認為，樂隊中的每位成員的演奏水準也不錯。

要是把這些論證看成是對其結論的充分證明，當然很有問題，因為前提顯然不足以支撐結論。但把它們一概視之為謬誤並不恰當。從底下被劃線的字詞顯示，提出這些論證時，論者（提出論證的人）並無意圖對結論提供一個充分的證明，其真正的意圖不過是指出：前提與結論相干（在前提為真的情況下，結論為真的可能性有所提升）而已。

故此，在批評某個論證犯了不充分的謬誤前，我們須先弄清楚論者的意圖。要是發現他根本無意給出充分的證明，那麼即使他所給出的論據不充分，也不該指責他的論證犯謬誤，否則就有失公正了。[55]

55 當然，一個論證沒犯謬誤不表示就該接受其結論。像（1）和（2）這些論證只給出了證明其結論的部分（相干但不充分的）證據，所以即使其前提為真，也不代表其結論必然地真或很可能真。

21 不當預設的謬誤

「不相干」和「不充分」這兩大類謬誤都屬推論上的錯誤，其問題在於「推不出結論」。**不當預設的謬誤**（fallacy of inappropriate presupposition）卻非推論上的錯誤，其問題在於在相關的語境裏作出了不恰當的預設。[56] 粗略地說，如果某一陳述在某一特定的語境中不能合理地為說話者和聽者所接受，該陳述在該語境中就是不當預設。[57]

乞求論點、不當二分、混合問題和以全蓋偏這四種謬誤都可歸入不當預設這一類別。

21.1 乞求論點[58]

假設我有某個看法（且稱之為C），而你卻反對或存疑。

---

56 本章將把「預設」和「假定」視為同義詞。

57 之所以說「粗略地說」，原因是「預設」究竟該如何精確界定，在非形式邏輯學（informal logic）和語言哲學（philosophy of language）中尚有爭議。

58 沒有任何謬誤比乞求論點引起更多的哲學爭論。如何界定「乞求論點」? 循環論證與乞求論點的關係如何？乞求論點的錯謬何在？諸如此類的問題在當代非形式邏輯學裏，仍然未有最終的答案。本節旨在提供一個大致上可靠的判準，以幫助讀者「偵測」這種謬誤，無意提出一個具哲學嚴謹性的理論。

倘若我要（以理性的方法）說服你接受C，我該怎辦呢？很明顯，我須提出以C為結論的論證。如果你接受論證中的所有前提，並同意C可從這些前提聯合地導出，我就能成功把你說服；要是你不同意當中的某些前提或論證中的推論關係，我就無法說服你。

現假設我所訴諸的前提中出現了C本身，或是在你質疑或反對C的情況下亦會質疑或反對的陳述，你會被我的論證說服嗎？當然不會！因為在這情況下你不會接受論證中的所有前提；既如此，你又怎會被我的論證說服而最終接受結論C呢？

在以C為結論的論證過程中，如果論者（i）把C用作前提，或（ii）把可必然地推論對方在不接受C的情況下亦同樣不接受的陳述用作前提，[59] 該論證便犯了**乞求論點的謬誤**（fallacy of begging the question）。[60]

乞求論點之所以為謬誤，並不是因前提對結論缺乏支持（事實上不少犯乞求論點的論證都對確，有些（譬如例一）甚至是真確的），其問題在於沒說服力——不能說服一個理性的人接受一個他本來未肯接受的觀點。

例一

甲要求乙證明陳慧琳是傑出青年，乙回應道：

59 嚴格而言，我們還須假定對方是理性的（rational）以及是誠實的（sincere）。

60 條件（i）實際上可歸入（ii），分而述之只為清楚易明起見。

由於陳慧琳是傑青，所以陳慧琳是傑青。

乙的論證是真確的（它具有「由於P，所以P」這一對確論證的形式，且陳慧琳確實在2002年獲選為香港十大傑出青年之一），但在當前的語境中卻犯了乞求論點的謬誤。當前甲正質疑「陳慧琳是傑青」這一陳述，而乙拿來證明這一陳述的前提卻正是這陳述本身。剛才說過，要說服對方接受論證的結論，須令其接受論證的前提。若前提和結論為同一個陳述，對方自然不會接受前提。因為與結論一樣，前提也正受對方的質疑。

當然，像例一這種乞求論點的論證極易辨認，極少人會看不出來。但要是前提和結論用了不同的字眼，就比較難察覺它們原來有着相同的意思。

例二

設想被問到為甚麼沒有人是完美時，有人這樣回答：

任何人都不完美，因為人總有缺點。

這論證的前提與結論雖不是相同的語句，表達的意思卻完全一樣。不完美即是有缺點，故前提與結論只是以兩個不同的方式描述同一的事態。在證明「任何人都不完美」的論證中以與結論意思一樣的陳述為前提，同樣不能令未接受結論的人信服。

語言愈是複雜，或爭論的題材愈是抽象，就愈容易以上述這種方式乞求論點。小心考察不同概念之間的關係，有助避免被像例二這樣的論證愚弄。

例三

阿花：「我肯定小丙是愛我的。」

阿珍：「妳憑甚麼如此肯定？」

阿花：「這是他親口對我說的。」

阿珍：「他這樣說妳就信以為真嗎？也許他只是說謊來哄哄妳。」

阿花：「這怎可能呢！他是絕不會對他愛的人撒謊的！」

上面對話包含了兩個不同但有聯繫的論證。首先，阿花為了向阿珍證明小丙愛自己，提出了以下論證：

1. 小丙說他愛阿花。

---

2. 所以，小丙愛阿花。

這論證（稱之為「主論證」（main argument））並沒乞求論點，但卻難以令人信服，因為就如阿珍所說，前提並不保證結論，可能小丙只是說謊哄騙阿花而已。

為向阿珍證明小丙不會對她說謊，阿花進而提出另一個論證：

1a. 小丙不會對他所愛的人說謊。

2a. 小丙愛阿花。

3a. 所以，小丙不會對阿花說謊。

這論證（稱之為「次論證」（sub-argument））的結論與主論證的前提（1）（「小丙說他愛阿花」）確可共同推出「小丙愛阿花」。但問題是，次論證的第二個前提（2a）卻是阿珍最初所質疑的陳述——「小丙愛阿花」。如此一來，阿花雖然繞了一個小圈，最終還是用了主論證的結論為前提，犯了乞求論點的謬誤，難以令阿珍信服阿花是小丙愛的人。

剛討論過的例子都有這一特性：待證明的觀點都以直接或間接的方式出現在其證明的前提之中（出現在主論證或次論證的前提中）；換言之，就是以自己來證明自己。具這種特性的乞求論點的論證叫做「**循環論證**」（circular argument）。

有些乞求論點的論證並不是循環論證，以下三個例子都沒有自我證明的特性。

例四

小明和大輝兩人正激辯世上究竟是否真的有鬼。小明對一切鬼神之事都持懷疑態度，認為至今尚未有對鬼神存在的證明。大輝卻對鬼神的存在深信不疑。設想在爭論的某個階段中，大輝被要求給出鬼存在的確鑿證據，於是搬出以下的論證：

1. 世上多處地方都有鬼屋，有不少人被鬼附身。

---

2. 所以，鬼是存在的。

基於兩人在論辯中的立場，小明可合理地指控大輝的論證（在論辯的這一階段中）是乞求論點的。這論證的前提雖與結論不一樣，但假定小明是理性的，我們可必然地推論，如果小明質疑世上有鬼，亦同樣會質疑世上有任何由於鬼存在而引起的現象和事物。大輝在論辯中的角色是要令小明「釋疑」，即要拿出證據説服小明接受世上有鬼。可是所給出的證據（前提（1））卻是小明（作為一個鬼神懷疑論者）所懷疑的，因此大輝的論證沒任何説服力。

例五

以下對話來自某個網上論壇，網民們正激烈爭辯李小龍和泰臣（過氣世界拳王）哪位更強。

泰臣迷：「我認為泰臣能打敗李小龍，泰臣的拳比李小龍重，據説能揮出200公斤的直拳。」

小龍迷甲：「李小龍的拳或許沒泰臣的重，但腳肯定比泰臣快。（你忘了他有『李三腳』之稱嗎？）所以我認為李小龍比泰臣強。」

小龍迷乙：「我肯定李小龍能打敗泰臣。因為李小龍的功夫是天下無敵的！」

在這論辯的語境中，兩方人各持不同的立場。一方（泰臣迷）認為泰臣能打敗李小龍，另一方（小龍迷）則認為李小龍比泰臣強。雙方立場並非互相矛盾而只是真值對反。因為雖然雙方不可能同時正確（如果李小龍能打敗泰臣，那泰臣就不能打敗李小龍；如果泰臣能打敗李小龍，那李小龍就不能打敗泰臣），但可能雙方都錯，這兩位武林高手可能打成平手。

基於雙方所持的立場，幾乎可肯定泰臣迷不會被小龍迷乙的論證説服，因為小龍迷乙的論證（在論辯這一階段中）是乞求論點的。如果泰臣迷否認「李小龍能打敗泰臣」，自然亦會否認「李小龍的功夫天下無敵」。小龍迷乙卻以「李小龍的功夫天下無敵」這一在泰臣迷否認「李小龍能打敗泰臣」的情況下亦同樣會否認的陳述為前提，顯然無法使泰臣迷信服。

反觀小龍迷甲的論證就沒乞求論點。泰臣迷雖認為自己的偶像能打敗李小龍，但不一定不能接受李小龍起腳較快。假定泰臣迷（無論基於甚麼理由）接受起腳快的人功夫較好，又接受李小龍起腳確實較快，就能被對方説服而接受李小龍能打敗泰臣。

例六

教主：「你知道嗎？我們之所以能活着，乃是由於被一種無色無臭、無形無體、無法測知的非物質實體依附着。我教稱此實體為『生命大本源』。」

懷疑者：「這觀點很難叫人置信吧！它不是與當今的科學理論有所衝突嗎？」

教主：「你沒意識到你對生命大本源的質疑正正提供其存在的證明嗎？」

懷疑者：「我不明白你的意思。」

教主：「倘若生命大本源這種構成生命的要素不存在，那麼就無人能有生命；而若無人能有生命，那也就無人能說話；你現在也就不能與我爭辯生命大本源是否存在這一問題了。你現在能與我爭辯這問題不正證明生命大本源是真實不過的嗎？」

不少人也會「感到」教主的論證有些怪怪的，但卻不大能指出其問題所在，此時標準化論證這一技巧就大派用場。教主的論證可寫成以下的標準式：

1. 如果生命大本源不存在，那麼就無人能有生命。
2. 如果無人能有生命，那麼就無人能說話。
3. 如果無人能說話，那麼懷疑者就不能與教主爭辯生命大本源是否存在這問題。
4. 懷疑者確實與教主爭辯生命大本源是否存在這問題。

---

5. 所以，生命大本源存在。

這論證是對確的，且前提（2）-（4）也似乎沒有問題；出問題的是第一個前提——前提（1）。當前懷疑者正質疑生命大本源的存在；既如此，又怎可能認同這種實體是人能活着的必要條件？前提（1）雖不是結論本身，卻是懷疑者在質疑結論的情況下必然亦會質疑的陳述，教主的論證因而是乞求論點的。

21.2 不當二分

小丙和大丙初次見面。

小丙：「你支持民主黨嗎？」

大丙：「不！」

小丙：「那你一定是民建聯的擁護者了。」

小丙的回應應用了第 10 章介紹過的析取句三段論，可寫成以下標準式：

1. 要麼大丙支持民主黨，要麼大丙是民建聯的擁護者。[61]（隱含的前提）
2. 大丙不支持民主黨。

---

3. 所以，大丙是民建聯的擁護者。

這論證是對確的（你應還記得，析取句三段論是對確的論證形式），因此沒犯任何推論上的謬誤；可是它仍然有問題。前提（1）假定了大丙有支持的政黨，且所支持的不是民主黨，就是民建聯。但這些假定在當前的語境中並不恰當。小丙與大丙才剛剛相識，有甚麼理由認為這些假定是真的？大丙可能支持其他政黨，或根本就沒支持的黨派。

假若（在某一特定的語境中）不恰當地假設只有兩個可

61 由於任何析取句也可寫成條件句（參見第 10 章），前提（1）亦可寫成：「如果大丙不支持民主黨，那麼大丙便是民建聯的擁護者。」若採取這一寫法，小丙的論證便具有肯定前項的形式。

能性或可能選項，那就犯了**不當二分的謬誤**（fallacy of false dichotomy）。

有人以為，只要論證中的析取句沒窮盡所有邏輯可能性，就算不當二分。這想法並不正確。其實只要前提沒遺漏一些在當前語境中應考慮的可能性或可能選擇，論證就沒犯不當二分。試看下例：

大華：「我肯定我離家後，媽媽曾進過我的房間。我的高達模型本來是放在飾物櫃的，現在竟然在枱面上！爸爸和我一樣，一早便出了門，而妹妹又沒有我房間的鑰匙。我們一家只得四口，又沒證據顯示曾有小偷入屋，不是媽媽，會是誰呢？」

大華列出了數個析取，把假的一一排除之後得到「媽媽曾進入他房間」這一結論。和上例一樣，這論證具有析取句三段論的形式，[62] 且其前提也沒窮盡一切邏輯可能性（邏輯上而言，進入大華房間的可能是外星人、鬼魂，等等）。可是由於論證中的析取句已窮盡了一切在該語境中須考慮的可能性，故沒犯不當二分。（外星人、鬼魂進入大華房間的機率極低，可以忽略不計。）

接下來讓我們再看看一些不當二分的例子。

---

62 「α 或 β 或 γ 或 δ」可寫成「α 或（β 或 γ 或 δ）」，因此大華的論證與小丙的可視為有相同的形式。

例一

筆者初當教師時，曾給一位朋友當頭澆了一盆冷水。他說：

為甚麼教書呢？在我看來，教學工作完全是多餘的。資質佳的學生根本不需你教導，他們只靠自修，也能學懂一切知識。資質差的無論你多用心教導，他們也不會學得懂。

我朋友的論證應用了兩難式：

1. 學生要麼資質佳，要麼資質差。
2. 如果學生資質佳，那麼教學是多餘的。
3. 如果學生資質差，那麼教學是多餘的。

---

4. 所以，教學是多餘的。[63]

這論證的形式是無懈可擊的。但問題是，學生就只得這兩類嗎？絕大多數也不屬這兩類，而是介於聰明和愚笨之間的中才。換言之，前提（1）忽略了一些（在當前語境中）該考慮的可能性，我朋友的「教學無用論」並不成立。

例二

我的一位學生總是遲交習作，被問到原因時，他這樣解釋：

63 「α 或 α」與「α」是邏輯上等值的。

我也很想準時，只是我向來認真，習作老是改了又改，到限期前仍然未能滿意，結果才弄至遲交。但你也不想我像某些同學般，把習作馬虎了事就算吧？

學生的回應假定了應付習作只得兩種方法：馬虎了事或是無止境地修改，但顯然這是不恰當的假定。為甚麼不能在這兩個極端之間取得平衡？

例三

兒子：「媽，我不想溫習，想到球場踢足球。」

母親：「你想唸好書，還是想成為一事無成的人？」

顯然母親預期兒子不想一事無成。如此一來，就代表他該好好唸書了。母親的論證可寫成以下的標準式：

1. 要麼你唸好書，要麼你一事無成。
2. 你不想一事無成。

---

3. 所以，你該唸好書。

但問題是，兒子就只得這兩條路嗎？許多人也唸不好書，但因學曉了某種實用技能，找到好工作。前提（1）忽略了這一可能選擇。

例四

設想有位基督徒向你傳道，花了一番唇舌後仍未能把你領進主的懷抱，最後搬出這個可稱之為「寧可信其有」的論證：

朋友，即使你不被我剛才所説的打動也不打緊，既然你這麼理性，那就來想想我這番話吧。假若人死了真的如燈滅，那麼教徒所得的益處確實不及非教徒，因為教徒必須奉行嚴格教條，放棄一定的物質享樂。可是，選擇成為教徒始終是最明智的。試想想，萬一基督真的存在那會如何？信徒與非信徒的命運可就大有差別了。不信主的人確實能享受短暫的俗世歡樂，死後卻有永恆的火海待他們慢慢「享受」啊！教徒在世時雖有犧牲，死後卻可投入主的懷抱，永享天福。朋友，作為理性的人，你説成為基督徒是否最明智？

我們可用以下的決策矩陣圖（decision matrix）清楚表示基督徒的論證：

	基督存在	人死如燈滅
信奉基督教	• 獲永生，永遠享福。 • 放棄短暫的世間歡樂。	• 沒獲永生，亦不能永遠享福。 • 放棄短暫的世間歡樂。
不信奉基督教	• 墮進地獄，永被火烹。 • 獲得短暫的世間歡樂。	• 沒獲永生，亦不能永遠享福。 • 獲得短暫的世間歡樂。

我們該如何回應這個論證呢？似乎真如這位教徒所言，在基督存在與人死如燈滅這兩個情況下，信主或不信主確實會獲得矩陣中所述的後果（見淺灰色方格所示）；而若只得這兩個可能，選擇成為教徒似乎真的最明智。但這論證是有漏洞的。「基督存在」與「人死如燈滅」並沒窮盡所有該考慮的

可能性，例如忽略了阿拉（回教徒信奉的神）存在、死後會輪迴轉世這兩個該考慮的情況。故此，基督徒的論證並不十分有力。

21.3 混合問題

我們已走了好一段路，探討過幾種常見的語害，討論過幾種不同形式的論證及其評價方法，亦講解了一些常見的謬誤。讀到這裏，相信你應對思方有一定的認識，那我現在想問問：「你是否仍像以往般拙於思考？」

假若你不願回答「是」或「不是」，那麼恭喜你，這代表你已擁有一定的批判思考能力。剛才的問題是一條「陷阱問題」，已不恰當地預設了你以往確實是拙於思考的，故無論你回答「是」還是「不是」，都代表你承認了這個不當的預設。

* * *

任何問題都有其預設。設P為任一陳述，Q為任一問題，如果藉由**直接回答**Q可推論出回答者承認P，P就是Q的預設。[64]

例如「你是否博士生？」這一是非題就預設了「你是博士生或不是博士生」這一析取句。（換言之，這析取句是這問題的其中一個預設，因為只要對這問題給予直接的回答，便能

---

64 對「問題預設」這一概念的詳細分析，可參「參考書目及網頁」（23），頁 191-199。本章的分析與D. Walton的分析大致上相同。

由此推論出回答者承認了這一析取句。）「你來自上海還是北京？」預設了「被問者不是來自上海就是來自北京（且不是來自其他地方）」，因為回答者若回答「上海」或「北京」，就代表他承認了這一陳述。

如果某（些）陳述是某問題的預設，且在提問該問題的語境中這（些）預設並不恰當，即不能合理地被提問者及回答者所接受，該問題便犯了**混合問題的謬誤**（fallacy of loaded question）。

剛才的陷阱問題就是混合問題的典型例子。如果你對該問題回答「是」，那代表你承認自己仍然拙於思考，由此可進一步推論你承認現在並且以往你都是拙於思考的。如果你回答「不是」，那代表你承認雖然現已不再，但以往確實拙於思考。因此，無論你怎樣回答，同樣承認了自己以往拙於思考。但這一預設在當前的語境中並不恰當。我和你並不認識，對你過往和現在近乎一無所知；只知你因某種緣故拿起這本書，看到這章這節。基於這些理由我不能合理地認為這一預設為真。

以下再舉一些混合問題的例子。

例一

「你考試時還有沒有作弊？」這個問題至少預設了：（1）「被問者X曾參與考試」和（2）「X考試時曾作弊」。在考場裏隨意找個考生，劈頭一句便這樣問，就犯了混合問題的謬誤，因為（2）在這一設定的語境中，顯然並不恰當。提問者和被問者素不相識，有甚麼理由認為被訪者曾作弊？

化解混合問題的最好方法，是直接指出問題「混入」了不當的預設，比如這例中的考生可這樣回應：「我從未試過考試時作弊，你沒理由如此假定。」

但請留意，有沒有犯混合問題的謬誤，視個別語境而定：某個問題在語境A中犯這種謬誤，在語境B卻未必。比如我若得知某位同學以往經常作弊，並問他以上問題，就沒犯謬誤，因為在這種情況中，問題的預設並非不恰當。

例二

「為甚麼現代人比古代人蠢那麼多？」有專欄作家如是問，然後解釋道，現代人生活太舒適、太多娛樂了，所以令大腦退化，智力下降云云。

每當我們尋求解釋而問為甚麼，問題就已預設了待解釋的是事實。「黃先生，可否請你解釋一下為甚麼遲到？」預設了「黃先生確實遲到了」。「人為甚麼會死而不能長生不滅？」預設了「人的確是會死的」。作家的問題預設了「古代人比現代人聰明」，但這預設在許多的語境裏也屬不當預設。

例三

「張議員，你外表十分不討好，向來不受區內市民歡迎；學歷又低，只高中畢業；任職議員後，更從未有任何重要建樹。請問你會如何處理今次區內爆水渠的問題？」傳媒的訪問最愛先給被訪者貼上一大堆標籤。這類問題並不一定不妥，要看訪問人員是否有理由對被訪者作如此假定。但要留意，張議員此時若回答：「我會聯絡渠務處的相關人士」(或其他類似的答案)，就等於默認加諸他身上的標籤了。

例四

有影星探訪草根階層的學童，未對被訪者的背景有足夠了解便問：「你介意同學看不起你嗎？」這個問題犯了混合問題的謬誤。影星有甚麼理由認為，受訪者被人看扁了？

例五

填問卷很煩，填混入了不當預設的問卷更煩。曾收到一份問卷，其中一條問題是：

「你會如何評價你目前的工作？」

(a) 與以往所學十分有關。

(b) 與以往所學完全無關。

這個問題預設了只得 (a) 和 (b) 這兩種可能，忽略了工作與所學並非十分有關亦不是完全無關，而是略有關係這一可能性，故犯了混合問題的謬誤。

21.4 以全蓋偏

打從懂事那天，我們便被教導遵從一大堆規則：

- 說謊是不對的。
- 做人要信守承諾。

- 對朋友要真誠，不應虛偽。
- 要依法辦事，不可偏私。

這些規則有一定的道理，但卻不是放諸四海而皆準、任何情況也得嚴格遵行的；也就是說它們都有例外情況。要是我們不曉變通，在這些規則不適用的情況中仍強行遵從，便犯了**以全蓋偏的謬誤**（fallacy of accident）。

例一

小春前額傾斜，口唇突出，兩塊顴骨高高隆起，像極北京猿人。一天，他問小冬：「我經常給朋友取笑外表，很自卑。可否告訴我，我是否真的很難看？」小冬本不欲直言，但忽然想起老師曾教導「待朋友要坦誠」，故坦言道：「是的，你是我見過的人之中最醜的，真替你難過。」

待人坦誠是美德，但顧及他人感受同樣重要。小春正為自己的長相苦惱，直言他貌醜會嚴重傷害他的自尊。小冬在這情況仍然堅持「待朋友要坦誠」這原則，顯然不恰當。

例二

劉先生正趕赴朋友的派對，途中看到一名老婦不慎從樓梯滾下。老婦跌得頭破血流，哎喲喊吔之聲不絕。劉先生看了老婦一眼便急步離去。他邊走邊喃喃道：「對不起，我不是不想幫妳。但我快要遲到了，準時赴約要緊。」

在這種情況下，哪樣較重要？救助老婦？還是準時赴約？

例三

幾年前，一名男子因贏馬興奮過度而心臟病發暈倒。兒子見狀，立刻把父親送到附近醫院求救。抵醫院詢問處後，職員卻竟然說：「請電 999 召救護車。」兒子雖氣結，卻只得無奈照做。候車期間，一名路過醫生見狀上前協助。可惜該男子最終還是因未能及時搶救而死亡。

這事件引來各界批評。醫院高層回應說：「職員只是依指引辦事，並沒犯錯。即使我親人在醫院門前心臟病發暈倒，我也只是會召救護車。」

依指引辦事是員工的責任，若員工都依自己的方法辦事，機構便很難得以暢順運作。可是當遇到特殊情況，就應該變通，不能再墨守成規了。在人命攸關的境況下，那詢問處職員仍堅持依指引辦事，顯然以全蓋偏。

你可能已察覺到，以上幾例之所以為謬誤，是由於在例中所描述的境況中，有另一規則比所選用的更應遵從（例一：應顧及他人感受；例二、三：應協助受困的人），而例中的人卻選了（在該境況中）不適用的規則。

當規則相互衝突時，該遵行哪一條不總是顯而易見的事情。設想你是神父，正聆聽某教友的告解。該教友向你承認，最近幾宗叫警方大感棘手的縱火案，其實全部都是他所做的。作為神父，你似乎應對教友的告解內容保密。但另一方面，作為社會公民，你亦有責任舉報罪案。此時，你該怎樣做呢？

本篇練習

(I) 指出以下這段文字中，有哪些訛誤和謬誤。

今年高考中國語文及文化科考試報告指出，考生勤學有餘但思考欠靈活，口試時內容空洞欠缺邏輯。年前曾有考生表示，發明電燈者為愛因斯坦，今年則有考生表示發明者為安徒生；又有考生論述籃球員姚明是否謙虛時如此表示：「姚明係名人，佢一定有優點，而謙虛係一個優點，所以姚明一定有謙虛特質。」(摘自〈高考生常識差過細路哥〉，載於《蘋果日報》，2009年11月19日)

(II) 在以下各題中，試分析有沒有言論犯了不一致的謬誤。如有，指出犯了哪種謬誤，並且解釋你的答案。

1. 死後仍有生命。
2. 全能的上帝造了一塊祂搬不動的石頭。
3. 全能的上帝不能造出一塊祂搬不動的石頭。
4. 上帝是無限且絕對神聖的存有物，完全超越世人的理解範疇。
5. 我們從歷史中學習到的唯一教訓，就是我們從來沒有從歷史中汲取過任何教訓。(黑格爾 (G. W. F. Hegel) 語)
6. 他這個聰明人問了個笨問題。
7. 如果達爾文是科學家，那麼達爾文不是科學家。
8. 他一生都在說謊，但從未說過一句假話。

9. 經驗告訴我們：我們從經驗中學不到任何東西。(蕭伯納（George Bernard Shaw）語)
10. 一切都是不確定的——這是唯一能夠確定的事。
11. 在某文章中發現：「我最鬼憎人哋寫文章嘅時候用廣東話寫！咁樣做係冇文化、冇教養嘅表現。」
12. 我為人謙虛低調，即使近來我幹了這麼多值得表揚之事，也不會對人言。
13. 告訴你一個沒有人知的秘密！
14. 我一無所知。
15. 某人寫道：「我是一個文盲，很想讀書識字。」
16. 康文署人員在牆壁上張貼寫有「不准標貼」的單張。
17. 王先生叼着煙，對他的孩子說：「吸煙危害健康。」

(III) 試替以下的疑似矛盾句，找出可合理地詮釋為非矛盾句的語境。

1. 最危險的地方就是最安全的地方。
2. 學生：「你不應給我不合格！」
   老師：「為甚麼？」
   學生：「因為我花了很多時間來溫習這一科。」
   老師：「你的理由根本就不是理由。」
3. 我喜歡黑色，又不喜歡黑色。
4. 這個學生最大的問題是完全沒有問題。
5. 這個問題的答案就是沒有答案。

(IV) 在以下各題中，試分析有沒有言論犯了謬誤。如有，指出犯了哪種謬誤，並說明你的理由。

1. 甲：「不要再喝那麼多酒了。你不知道喝太多酒有害健康嗎？」

   乙：「老哥你不也一樣！你每日無酒不歡。喝得比我還多。有甚麼資格批評我？」

2. 父：「別再這樣沉迷女色好嗎？正所謂色字頭上一把刀，放縱肉慾對身心有害啊！」

   子：「勸我不再沉迷女色？你有資格嗎？你不也是好色之徒嗎？你不好色的話又怎會有我？」

3. 我認為他很可能一直在逃稅。這幾年他在各大報刊發表反對稅制的言論，沒有逃稅的人是不會這樣做的。

4. 香港日日有人打麻將洗牌，找天沒洗牌也難。甲型流感病毒隻隻基因「洗牌」，找隻沒洗牌也難。是故，甲型流感病毒基因「洗牌」是常態，如同打麻將洗牌是港式生活常態一樣，屬無須大驚小怪之事也。（摘自勞永樂：〈勿「上」靠嚇專家爛牌〉）

5. 助教：「又有數學教授寄來他們對哥爾巴哈猜想的證明，你要看看嗎？」

   名數學家：「不需要，這些教授都是些蠢人，不看也知這些證明全是垃圾。」

6. 這是一首好歌，因為它的歌詞和旋律都很優美。

7. 這位物理學家人格怪異，人緣極差，晚年甚至殺害了自己的妻子。他提出的學說又怎會有價值？

8. 小春：「任何人也有靈魂，死後靈魂會由鼻孔飛出體外。」

   小花：「我不相信，除非你能提出證明。」

9. 甲：「貨你已收到了，為甚麼仍不付款？」

   乙：「你不也一樣？上批貨的款項你何時才肯付？」

10. 「所有人都會死並且有些人不會死」不可能是概念述句，因為「所有人會死」和「有些人不會死」這兩個述句都是經驗述句。

11. 一堆基本粒子的運動毫無意義可言，人的所有活動只不過是一堆基本粒子的運動，所以也毫無意義可言。

12. 小張在公園閒逛，看見一名樣貌極標致的少女，心生愛慕之意，想道：「要是她能吻我一下，命短十年我也願意。」胡思亂想之際，突然記起幼稚園老師教導過的金科玉律：「你想人怎樣待你，你先以同樣方式待人。」小張立刻鼓起勇氣，上前在少女的臉上親了一下。

13. 小冬碰見小春，問道：「你今天吃了飯沒有？」

14. 甲：「墮胎並不是罪惡。許多人之所以認為墮胎不道德，原因是他們把胎兒視為人。但這看法不正確。」

    乙：「胎兒怎可能不是人？胎兒有人權，所以他們也是人。」

15. 有人説，佛教所講的輪迴轉世是荒謬的，我可不這麼認為。輪迴是千真萬確的，否則就不會有那麼多人能藉着催眠而喚起前世記憶了。

16. 所有中國人都應愛國，因為愛國是所有中國人的道德義務。

17. 甲：「不少人說尼斯湖水怪只是傳說，並不真實，我認為他們全都錯了。」

乙：「你憑甚麼如此說？」

甲：「至今也沒證據證明尼斯湖內沒水怪，可見湖內確實有水怪。」

18. 像他這種超級智障竟然是大學生，可見他唸的那間大學很有問題。

19. 精神科醫生問病人：「服了新藥後，是否仍常感到抑鬱？」

20. 兩人正爭論「自殺是否不道德？」這一問題。正方問反方：「你認為如何能減少自殺這種罪惡？」

21. 母親：「你應多唸書，不應再花太多時間在無聊的事上。」

兒子：「多唸書又不一定會發達，我為甚麼要多唸書？」

22. 甲：「你每天只懂逛街看電視，對子女既不關心又不加管教，難道你不怕他們學壞嗎？」

乙：「父母對子女的管教根本毫無作用。正所謂『好的孩子教不壞，壞的孩子教不好』嘛。」

甲：「說來也是。」

23. 不要再加薪給公務員了，他們的工資已極多。據說上年他們的總收入已達數百億。

24. 警方：「到目前為止，我們仍沒有任何證據證明近日發現的戰前炸彈已失效。因此我們將假定，它仍然是有爆炸威力的。」

25. 偵探：「很抱歉，經過一輪調查，我認為近來幾宗分屍殺人事件，都是你的好朋友大明的所為。」

小強：「……這不……不可能吧。大明向來十分善良，怎會幹這麼殘暴的事？」

偵探：「大明事實上不如你所想的善良，他會幹下這幾宗分屍案，正是他一點也不善良的證明。」

26. 現年38歲的重慶女子田梅，11年前，她先被查出患了子宮頸癌，之後又被查出因子宮頸癌誘發直腸癌。三年前飽受癌病折磨的她，決定讓自己快快樂樂地活下去，日喝一打啤酒，狂抽3包煙，居然令病情好轉，體重回升。（摘自〈癌女狂煙酒，奇跡康復〉，載於《都市日報》，2010年1月28日）

參考書目及網頁

1. 《語理分析的思考方法》，李天命，香港：青年書屋，1981 年 9 月初版。
2. 《李天命的思考藝術》，戎子由、梁沛霖合編，香港：明報出版社，2009 年 7 月最終定本。
3. 《哲道行者》，李天命，香港：明報出版社，2009 年 7 月最終定本。
4. 《贏家的邏輯思維》，塞爾瓦托．坎納沃（Salvator Cannavo）著，王迅、徐鳴春譯，台北：圓神出版社，2003 年 6 月。
5. 《批判思考》，方子華等，新加坡：McGraw Hill（Asia），2005 年。
6. 《我思，故我笑》，包洛斯（John Allen Paulos）著，古秀鈴、蔡偉鼎、蔡政宏譯，台北：立緒文化，2001 年。
7. 《思考方法．藝術評論》，梁光耀，香港：麥穗出版有限公司，2002 年。
8. 《邏輯教室：袁大頭的推理時間》，袁長瑞，台北：天下文化出版股份有限公司，2003 年。
9. 《邏輯》，林正弘，台北：三民書局，1994 年。
10. 《識破話中玄機——學好邏輯無往不利》，黛波拉．班妮特（Deborah J. Bennett）著，林志懋譯，台北：究竟，2006 年。
11. 《邏輯，説話的聖經》，小野田博一著，邱夢蕾譯，台北：星光出版社，1997 年。
12. 《政策弔詭：政治決策的藝術》，Deborah Stone著，朱道凱譯，台北：群學出版有限公司，2007 年。
13. *Introduction to Logic* , Irving M. Copi & Carl Cohen, Macmillan Publishing Company; 9th edition, 1994.
14. *Essentials of Logic* , Irving M. Copi & Carl Cohen & Daniel E.Flage, Prentice Hall; 2nd edition, 2006.
15. *Reason and Argument*, Richard Feldman, Prentice Hall; 2nd edition, 1999.
16. *An Introduction to Probability and Inductive Logic*, Ian Hacking, Cambridge University Press; 1st edition, 2002.

17. *An Introduction to Philosophical Analysis*, John Hosper, Routledge; 3rd edition; 1990.
18. *A Concise Introduction to Logic*, Patrick J. Hurley, Wadsworth Publishing; 9th edition, 2006.
19. *An Introduction to Critical Thinking and Creativity: Think more, Think better*, Joe Lau, Wiley & Sons, Inc; 1st edition, 2011.
20. *Thinking Clearly: A Guide to Critical Reasoning*, Jill LeBlanc, W. W. Norton & Company; 1st edition, 1998.
21. *Introduction to Logic and Critical Thinking*, Merrilee H.Salmon, Wadsworth; 4th edition, 2002.
22. *Logic*, Wesley C. Salmon, Prentice-Hall; 3rd edition, 1984.
23. *Informal Logic: A Handbook of Critical Argumentation*, Douglas N. Walton, Cambridge University Press; 1st edition, 1989.
24. *Fundamentals of Critical Argumentation*, Douglas N. Walton, Cambridge University Press; 1st edition, 2005.
25. Critical Thinking Web（《思方網》）, http://philosophy.hku.hk/think/.
26. Fallacy Files, http://www.fallacyfiles.org/.

後記

本書原計劃於2006年出版，然一拖再拖，竟拖了近五個年頭。許多事也延擱了本書的成書時間（論文、工作、懶散，等等）。但最主要的原因是，在撰寫的過程中，碰到起初完全預料不到的困難；而最大的困難，要算是如何平衡精確性和實用性。

思方學中的許多概念看似簡單，但一經反省深思，便發現有種種理論性的問題。就拿謬誤來説，許多謬誤的錯謬在直觀上是十分明顯的，要解釋其錯誤之處並不難。但問題是，不少與它們非常相似的論證卻全無錯謬，有時甚至乎是良好的。要精確界定謬誤，指出在哪些情況下一個論證犯謬誤，在哪些情況下同樣或相似形式的論證卻沒犯，絕不是易事，往往須引入語用學（pragmatics）的概念和研究，而這得花上不少篇幅才能交代清楚。

撰寫思方書固然應以精確為目標，可是「過於精確」卻會把思方弄成一門複雜煩瑣、對初學者和一般讀者無甚用處的語用學或非形式邏輯學。這正與本書的最主要目的——實用性——相違背。

本書力求在精確性和實用性兩者之間取得平衡，但礙於筆者才疏，許多地方也未盡完善，惟盼各方有識之士指正。

鳴謝

在撰寫本書的過程中，參閱了不少思方學的著作和網頁，尤其從香港大學與香港浸會大學合力建構的《思方網》（http://philosophy.hku.hk/think/）中獲益相當多。

本書的鋪排，乃至部分細節，也與這網頁相似，特此致謝。(本書有小部分內容取自或修改自筆者替《思方網》撰寫的文章。)

也要感謝張錦青教授、林家濠先生、郭柏年博士、李敬恒先生、英冠球博士、冼偉林博士、劉凱豪先生、黃廣昌先生、林貴明先生、蔡志昌先生及我的幾位學生，他們對本書提供了不少有用的意見，並提供了一些有趣的例子。

筆者最感謝的是李天命老師。本書的不少部分，都可說是在詮釋他所提出的思方學架構。當然，書中若有任何錯漏，與他絕對無關。

詞彙釋義

第一篇：意義分析

- **意義分析（meaning analysis）**：在思考問題時，或考慮是否接受某個說法前，先釐清當中關鍵言辭的意思的思維方式。
- **陳述句（statement）（簡稱陳述或述句）**：具有真值（truth value）（有真假可言）的語句。
- **概念述句（conceptual statement）**：理解其意思後，無須訴諸任何經驗觀察，就能憑理性判斷其真假的述句。
- **重言句（tautology）**：真的概念述句。
- **經驗述句（empirical statement）**：理解其意思後，原則上還須訴諸經驗觀察才能得知其真假的述句。
- **含混的（vague）字詞**：應用範圍沒有截然明確分界線的字詞。
- **語意歧義的（semantically ambiguous）字詞**：擁有兩個或以上不同意思的字詞。
- **語法歧義的（syntactically ambiguous）言辭**：有多於一個的方式解讀其文法結構的言辭。
- **指涉歧義的（referentially ambiguous）言辭**：出現在其中的代名詞有兩個或以上可能指稱的言辭。
- **闕義的（meaning incomplete）言辭**：所表達的意思有欠完整，須靠脈絡或某些字詞補充後才能使之變得意思完整的言辭。
- **語境（context）**：由說話者（speaker）、聽者（hearer）以及說話場合（the occasion of use）所構成的集合。
- **語害（language traps）**：造成思想不清或妨礙有效溝通的言辭。

- **語意不清的語害（obscurity in meaning）**：在應該說清楚的語境中，使用（相對於該語境）不夠清楚的言辭。
- **概念扭曲的語害（conceptual distortion）**：不恰當地（譬如在無清楚交代或無充分的理由下）改變了言辭的通常用法。
- **言辭空廢的語害（vacuous expressions）**：在應提供資訊的情況下（無論資訊屬經驗的還是非經驗的），使用的言辭不能提供聽者有關的資訊。
- **絕對空廢的語害（absolute vacuity）**：以重言句來提供經驗訊息，又或作為經驗述句的理據。
- **相對空廢的語害（relative vacuity）**：某個言辭不是重言句，但相對於某一需提供資訊的語境是多餘的。

第二篇：基本邏輯概念

- **邏輯上不可能的（logically impossible）事態**：違反邏輯規則的事態。
- **經驗上不可能的（empirically impossible）事態**：違反自然律的事態。
- **技術上不可能的（technically impossible）事態**：按當時的技術水平不能夠實現的事態。
- **A是B的充分條件（sufficient condition）**：如果A出現，B必然亦出現（不可能A出現而B不出現）。
- **A是B的必要條件（necessary condition）**：如果A不出現，B必然亦不出現（不可能B出現而A不出現）。
- **α和 β是互相矛盾句（contradictories）**：α和β邏輯上不可能同真，亦不可能同假。
- **α和β是真值對反句（contraries）**：α和 β邏輯上不可能同真，但可能同假。

- **自相矛盾句（self-contradiction）**：具有「α並且非α」這種形式的述句。
- **一組述句是一致的（consistent）**：該組述句邏輯上可能同時全真（同時肯定該組述句不能對確地推出自相矛盾句）。
- **一組述句是不一致的（inconsistent）**：該組述句邏輯上不可能同時全真（同時肯定該組述句能對確地推出自相矛盾句）。

第三及第四篇：論證分析

- **論證（argument）**：由一個以上的述句組成的述句集合。當中的一個述句叫做「結論」（conclusion），其餘的叫做「前提」（premises）。結論表達某個觀點，前提則被用來證明（justify）結論。
- **對確論證（valid argument）**：滿足「如果前提真，結論邏輯必然地亦真」這一條件的論證。
- **真確論證（sound argument）**：對確並且前提全真的論證。
- **對確推論規則（valid inferential rules）**：確保能從真前提導出真結論的推論規則。
- **歸謬法（*reductio ad absurdum*）（亦稱間接證法（indirect proof）**：假設P（待證明為真的觀點）為假，與其他真陳述共同對確地推論出一個假的陳述，由此證明P為真的方法。
- **蓋確論證（strong argument）**：不對確，但在前提全真的情況下，結論很可能真的論證。
- **蓋真論證（cogent argument）**：蓋確並且前提全真的論證。
- **普遍枚舉歸納法（general method of enumeration）**：從樣本（sample）具有某種性質，而推論樣本所屬的群體（population）的所有或某個百分比的成員同樣具備該性質的論證。

- **特殊枚舉歸納法（special method of enumeration）**：從樣本具有某種性質，而推論樣本所屬的群體的下一個成員同樣具備該性質的論證。
- **統計三段論（statistical syllogism）**：以某群體F有某百分比（少於 100）的成員有性質G，以及a屬F，來證明a很可能有性質G的論證。
- **訴諸權威論證（argument from authority）**：以權威言說P來證明P為真的論證。
- **類比論證（argument from analogy/analogical argument）**：從事物a與事物b有某些相似點，以及b有性質F，來證明a亦有性質F的論證。
- **滑坡論證（slippery slope argument）**：從允許某事件發生將引發一連串壞後果而證明不該讓最初的事件發生的論證。
- **上坡論證（slope-climbing argument）**：從允許某事件發生將引發一連串好後果而證明應該讓最初的事件發生的論證。

第五篇：謬誤剖析

- **訛誤（factual mistake）**：資料性的錯誤。
- **謬誤（fallacy）**：錯誤的思維方式。
- **自相矛盾的謬誤（fallacy of self-contradiction）**：斷言（或相信）一個本身自相矛盾的陳述或一組隱含自相矛盾的陳述。
- **言說P的行為是自我推翻的（self-defeating）**：P 本身既不矛盾亦不隱含矛盾，但言說P卻與P的內容相衝突。
- **不相干的謬誤（fallacies of irrelevance）**：論證的前提對結論提供不了任何程度的支持，即在前提為真的情況下結論為真的可能性沒任何提升。
- **訴諸人身的謬誤（argument against the person）**：以與對方論點不相干的個人情況來證明對方論點不正確。

- **訴諸無知的謬誤(fallacy of appeal to ignorance)**:只因某個看法沒理據支持便推論其為假,或只因某個看法沒理據否定便推論其為真。
- **歧義的謬誤(fallacy of ambiguity)**:在論證中使用了歧義言辭,而該言辭在論證中沒有保持同一的意思,以致造成論證真確或蓋真的假象。
- **不充分的謬誤(fallacies of insufficiency)**:企圖對某個看法提出充分的證明,但所給出的論證縱然與結論相干,卻不足以支持結論。
- **假值傳遞的謬誤(fallacy of transferring falsehood)**:以為一個對確論證若包含了假的前提,結論必然地亦為假。
- **以偏概全的謬誤(fallacy of hasty generalization)**:使用枚舉法時,所取的樣本缺乏代表性(即樣本不足、有結構偏差或有已知失漏)。
- **居先為因的謬誤(*post hoc* fallacy)**:只就某一事件發生於另一事件之先,就必然或概然地推論先發生的事件為後發生的事件的原因。
- **肯定後項的謬誤(fallacy of affirming the consequent)**:提出一個具肯定後項形式的論證,並企圖以此作為對結論的充分證明,而實際上論證既不對確亦不蓋確。
- **合成謬誤(fallacy of composition)**:從某事物的組成部分具有某種性質,而必然或概然地推論該事物本身亦有該性質,但實際上這推論不成立。
- **分割謬誤(fallacy of division)**:從某事物具有某種性質,而必然或概然地推論該事物的組成部分亦有該性質,但實際上這推論不成立。
- **不當預設的謬誤(fallacies of inappropriate presupposition)**:在某一特定的語境中作出了不當的預設。

- **乞求論點的謬誤（fallacy of begging the question）**：在以C為結論的論證中，論者（1）把C用作前提，或（2）把可必然地推論對方在不接受C的情況下亦同樣不接受的陳述用作前提。
- **不當二分的謬誤（fallacy of false dichotomy）**：在某一特定的語境中不恰當地假設只有兩個可能性或可能選項。
- **問題的預設（presupposition of a question）**：藉由直接回答某個問題可推論出回答者承認的陳述。
- **混合問題的謬誤（fallacy of loaded question）**：混入了不當預設的問題。
- **以全蓋偏的謬誤（fallacy of accident）**：在某規則不適用的情況下應用該規則。